KB204130

행복을 부르는

108달마도와 진리

송월스님 畵.書編

도서출판 **군산출판사**

【 목 차 】

1. 먼저 들어가는 말 ………………………………… 5

2. 달마대사는 어떠한 분인가 ………………………… 13

3. 달마도 그리는 법 (눈, 코, 입, 귀, 눈썹) ………… 28

4. 松月 스님의 108 달마도 ………………………… 36

5. 벽암록 (벽암록 100칙) ………………………… 155

6. 야단법석(野壇法席) ……………………………… 217

7. 불교적 사상 ……………………………………… 218

8. 근대 큰스님의 법어 …………………………… 222

9. 화제(畵題)로 쓰는 글 ………………………… 235

먼저 들어가는 말

1. 달마대사의 전기

먼저 "108달마도와 진리"와 함께하는 인연들에게 축하드립니다. 소승과 인연을 맺은 인연이 작게는 자신의 번뇌를 털고 더 나아가서는 고뇌와 아픔을 경험하는 모든 이들이 이고득락(離苦得樂)을 이루어 가기를 축원드립니다.

달마(達磨)라 보리달마(菩提達磨) Bodhi-dharma의 뜻은 '법(法)'으로 나타낸 말로써 불교(佛敎)의 진수인 진리를 말하고 자연계의 법칙과 인간의 질서를 이르는 말이므로 부처님의 혼(魂)이요 정신 그 자체로써 법신(法身)이다.

달마대사는 본래 남북조시대 남인도(南印度) 향지국(香至國)의 셋째 왕자로, 승려가 된 선승(禪僧)인데 인도선불교의 제28조이자 중국 선종의 초조(初祖)이다. 스승인 제27대 반야다라의 유언에 따라서 중국으로 건너온다. 달마대사가 6세기경 불법(佛法)의 진리를 전하기 위해 중국으로 건너왔을 때, 양무제(梁武帝, 464~549)와 만나게 됐다.

양무제는 스스로 불가에 귀의하고 수많은 불사를 이끌어 '황제보살'이라 불렀다. 달마대사는 중국 넓은 땅 곳곳에 불사(佛事)의 공덕을 자랑하던 양(梁)의 무제(武帝)를 신랄하게 비판하면서 두두물물(頭頭物物)이 있는 그대로 부처임을 가르친 것으로 유명하다. 달마대사가 양무제(梁武帝)와 만남은 보통(普通) 원년(527)경인데 북위(北魏)의 낙양(洛陽)에 이르러 동쪽의 숭산(嵩山) 소림사(少林寺)에서 9년간 면벽좌선(面壁坐禪)했다. '벽관바라문'이라는 이야기는 잘 알려저 있다.

특히, 달마로부터 선(禪)을 배우기 위해 신광인 혜가스님은 구법단비(求法斷臂)라. 자신의 한쪽 팔을 잘라 바친 것으로 유명하다. 장수출신으로 유교와 도교에 정통한 '고수'였으나, 마음 본질인 밑바닥에 깔린 불안초조는 어쩌지 못하였다고 한다.

달마대사에게 신광이 제자가 되겠다고 찾아와 눈 오는 날 동굴 밖에서 그는 꼬박 사흘 밤을 샜다.
신광에게 '불안한 마음을 가지고 오라!'고 하자,
'불안한 마음을 찾아봐도 없습니다.'라고 대답하니,
이미 '내가 그대에게 안심시켜 주었느니라.'
그 한 마디에 신광은 깨닫고 마음이 맑아졌다.
이렇게 하여 신광은 달마대사의 뒤를 이은 2조 혜가(慧可)가 된다.

불법이란 스승이나 남에게서 찾아 구할 수 있는 것이 아니라, 각자의 본성을 깨닫고 불법의 지혜를 체득해야 한다. 달마대사는 사람의 마음은 본래 청정무구(淸淨無垢)하다는 이(理)를 깨달아야 하는 이 선법(禪法)을 제자 혜가(慧可)에게 전수한다. 이 뿐만 아니라 달마대사는 갈댓잎을 타고 양자강을 횡단했다거나, 150세까지 살았다거나, 죽었다가 부활했다거나 등등의 이적(異蹟)으로 인해 실존했던 인물이 아니라 신화에 불과하다는 이야기까지 나올 정도다. 그러나 실존 인물이다.

2. 달마도의 신비

한편으로 달마의 초 현실성은 '달마도'의 흥행을 불러왔다. 행운 달마부적으로 귀신을 쫓고, 집안의 수맥을 차단하고, 기(氣)

를 받으려고 사가고, 부모님의 병을 고치려고, 아들을 대학에 붙으라고, 남이 좋다니까, 무엇보다 달마도의 영험은 무섭고도 괴이하게 생긴 얼굴과 눈빛에서 뿜어져 나온다.

역대 최강의 카리스마에 의지해 잡귀와 액운을 쫓겠다는 것이, 세인들이 달마도에 열광하는 이유다. 물론 어찌 됐든 잘생긴 외모라고는 도저히 봐줄 수가 없다. 본래는 잘생긴 수려한 용모의 소유자였으나 썩어가던 시체와 몸을 바꾸면서 신세가 망가졌다는 야사(野史)가 눈길을 끈다.

한편의 코미디 같은 패담(悖談)이지만, 이는 달마가 눈에 보이는 형상과 남들의 시선에 연연하지 않았던 대 자유인이었음을 시사한다. "마음(心) 밖으로 모든 인연을 쉬고 안으로 헐떡이지 않으면 능히 도(道)에 들어가리라." 어떠한 역경도 무심히 받아들이며 초연했던 무쇠의 내공이 묻어나는 달마대사의 사자후다.

우리나라에 있는 가장 오래된 달마도는 약 1,500년 전인 527년에 그려져 전해 내려오는데 실제로 달마도는 더 이전부터 그려졌으리라 생각이 된다. 일찍이 중국에서 달마대사는 약왕보살님으로 널리 알려져 높이 받들었다. 그런 의미로 많은 사람들이 달마대사의 모습을 그려 모시기 시작했다. 달마도는 그 어떠한 부적보다 수억 배의 좋은 기운을 주고 액운을 막아 복과 재물을 부르고 건강을 준다고 믿었다. 사실 달마도는 신비한 기운을 가지고 있다. 그래서 많은 분들이 달마를 그려왔다. 약왕보살(藥王菩薩)은 불교에서 중생들의 심신의 병고에서 구원하는 보살이다. 오늘날까지 실제로 우리나라와 일본 사람들이 달마도를 그리게 되고, 걸게 된 시점은 정말 긴 세월이며 특히 예부터 우리나라 사람들에게 가장 사랑받아온 그림 중 하나이다.

달마도의 위신력은 엄청나지만 효험이 천차만별이다. 그려주는 사람의 수행력과 영적(靈的)의 법력(法力)에 따라서 다르다.

사실 소승이 그린 달마도가 사방 곳곳에 걸려 있는데 많은 분들이 악몽으로 시달리다가도 달마도를 집안에 걸게 되면 씻은 듯이 좋아진다고 입소문이 나 있어 그동안 3만 여장을 그려주었다. 많은 사람들이 달마도의 효험을 보면서 기뻐하는 모습을 접하면서 사실 크게 보람을 느낀다. 그러하지만 달마도가 수맥도 막아주는 만병통치의 존상은 아니라, 집안에 나쁜 기운과 잡신을 퇴치하는데 효과가 크다. 불교는 자연의 순환을 거역하지 않는 가르침이다. 원형이정(元亨利貞)의 순환 속에 수맥임을 알아야 한다.

한번은 익산역 시장 통 골목의 여관집 주인이 하소연을 하였다. 갑자기 멀쩡하던 보일러가 고장이 자주 나서 손님을 받을 수 없어 무슨 조화인지 모르겠다고 하여 관세음보살을 염하면서 한 일자(一) 글씨의 달마도를 즉석에서 그려 주었다. 신기하게도 그 날부터 보일러 고장이 나지 않고 손님도 많아졌다고 선물까지 받은 기억이 난다.

3. 달마도는 기도 후 정성으로 그려라

달마도 그림에는 몇 가지의 대표적인 특징이 있다.

우선 달마대사의 눈에는 눈꺼풀이 없다. 달마대사가 반야(般若)의 지혜를 얻고자 성불하기 위하여 마음을 닦고 수행하던 도중에 눈을 감지 않기 위하여 스스로 속눈썹까지 뽑아버리고, 눈꺼풀은 손톱으로 뜯어 버렸다고 한다. 그래서 달마도를 그릴 때 달마대사는 속눈썹과 눈꺼풀이 없는 상태로 표현된다. 그때에 잘려나간 속눈썹과 눈꺼풀이 땅에 떨어져 오늘날 중국의 차(茶) 나무가 되어 우리나라까지 전해지는 녹차(茶)라고 한다.

이처럼 대부분의 달마도는 전해져 내려오는 달마대사의 일화를 바탕으로 일반적인 인물화와는 전혀 다르게 달마대사의 특징이 부각되도록 그려야 한다. 이때에 달마도의 핵심은 눈을 부릅뜨고 눈동자가 살아있어 무섭게 느껴져야 한다.

달마대사의 선법(禪法)의 진수라던가 수행자들이 깨달은 불교의 핵심 경지를 조금이라도 이해를 하려면 뒤편에 특별히 실어 놓은 벽암록 100칙과 불경의 사구게(四句偈) 및 역대 조사어록(語錄)의 문구를 반복해서 음미하기 바란다. 마음 챙기는 수행에도 큰 도움이 될 것이다. 달마도를 그리고 화제(畵題)인 문장이나 적당한 글을 쓰고자 할 때, 한 구절 씩 인용하면 좋다. 그동안 소승이 달마도를 그려주면서 여러 차례 '화제'의 글로 써주던 내용들이다. 달마도에 화제의 글귀는 반듯이 불경에 있는 내용을 길든 짧든 간에 써야 된다. 달마도에 외도(外道)들의 글이나 문구는 쓰면 않된다. 그리고 수행 없이는 그리지 말라.

달마도를 그리면서 생각해 본다. 불교를 이야기하는 많은 불교계 학자들이나 교수들은 생각, 감정, 오감으로부터 자유로운 주인이 되었을까! 이들이 조금이라도 손해를 볼 상황이 놓이면 생각 감정 오감을 감당하지 못해 까칠해지고 본질이 들어나는 것을 많이 본다. 수행과 지식과는 분명히 다른 모습이다. 많이 배웠다고 하지만 사실 지식은 지식일 뿐, 타고난 심보하고는 전혀 다른 것이다.

불교 수행자들은 불자로써 부처님의 가르침을 실천하려면 마음 심보가 개선될 강력한 에너지를 모아서 환골탈퇴(換骨脫退)하겠다는 각오로써 발원(發願)해야 된다.

달마대사가 잠 오는 것이 성화하여 속눈썹과 눈꺼풀을 쥐어뜯어 버린 각오를 본받아 주인이 없는 마음을 단속하여 빈틈을 주지 말아야 한다. 자신을 호시탐탐(虎視眈眈) 노리는 자신이 보고 듣고 냄새 맡고 맛을 보고 접촉하고 생각하는 그 자리를 잘 감시하라. 과거전생으로 부터 찌들어온 악습관을 조금씩 개선해 나아가 무쟁삼매(無諍三昧)를 닦아야 할 것이다. 이것이 부처님의 가르침을 수행하는 정진력이다. 이것이 달마도를 그리는 사람의 수행하는 자세이다. 마음속에 독사 세 마리 삼독심을 소멸한다.

소승도 부처님법 안에서 40여년 경을 읽고 남을 위하여 법문도 하고 있지만, 정작 나 자신이 과거 전생으로 부터 익혀온 업식(業識)의 못된 습관은 바꾸지 못하고 있어 매일 큰 스님들의 발원문을 독송하고 있다. 새벽마다 그 참 뜻을 새겨가며 암송하고, 사회적 열악한 환경을 찾아다니며, 법문도 해주고 기도체험과 수행담을 소개하기도 하고, 상담으로 그들의 고충을 들어주기도 하고, 여러 현장의 봉사도 참여하여 많은 사람들을 만나면서 많은 공부를 지어가고 있다.

실제로 경전의 학문적인 이론보다는 작지만 사회적 열악한 환경에서 이해하기 쉽고 실천하는 신행생활은 그 때마다 까칠해진 마음을 부드럽게 하는데 마음 수행으로서는 최고라고 이야기 하고 싶다. 달마도의 형상이 수행의 극치를 표현한다.

달마도는 크다고 해서 영험이 큰 것은 아니다. 작더라도 정성과 믿음을 가져야 한다.

사실 달마도는 매우 다양한 작품과 크기로 시중에 유통되고 있다. 학생들에게는 책상 위에 올려두는 작은 액자가 좋으며, 특히 신수가 불길하다고 느껴질 때는 붉은 색의 경명주사로 작게 그려 부적으로 만드는 것이 좋다. 이러한 달마 부적은 다른 부적에 비하여 효험이 뚜렷하게 나타남을 체험할 수 있다. 이렇듯 달마도는 장소에 따라 모시면 된다.

여기서 우리에게 가장 중요한 것은 달마도는 불보살님을 대신하여 가정이나 사업장에 모시기 때문에 소중히 다뤄야 한다.

달마도는 사업장이나 어느 곳에 걸어도 무방하다.

가급적 달마도의 눈은 출입문을 바라보는 것이 제일 좋다. 귀신과 재앙이 집에 들어오지 못한다.

현관문에서 보이는 곳에 걸어도 좋으며, 안방에 걸어도 좋고 집안에서 좋지 않은 징후가 있는 곳에도 좋다. 방향은 동쪽 방향으로 하는 것이 좋고 거울을 마주 보게 하는 것은 좋지 않다.

음양 사상의 차원에서 달마도 그림을 좌측에 걸어두면 출세나 명예와 귀인에 좋고, 우측에 걸어두면 재물인 금전 운과 애정 운이 좋아진다. 달마도는 매일 기도하는 공간에 모시면 좋다. 특히 달마도 성상(聖像)앞에서 "업장소멸(業障消滅). 이고득락(離苦得樂). 수복강녕(壽.福.康.寧). 정말 잘돼"라는 서원과 염원을 하면서 기도를 하면 모든 서원이 다 이루어진다.

이른 새벽에 깨끗한 정화수를 달마도 앞에 떠놓고 천수경이나 금강경 또는 관세음보살의 염불을 지극 염송하고 그 정화수를 매일 마시거나 환자에게 주거나 밥 지을 때 쓰면 감로수라 하여 불보살님의 가피와 은혜를 입는 것과 같은 효험을 받을 수 있다.

달마대사에게 신광이 법을 배우고자 하여 제자로 받아 주십사 하고, 자신의 팔을 잘라서 바치는 정성을 보였다.

이와같이 달마도를 모시고자 할 때는 신광과 같은 신명을 다 바칠 각오가 필요하다. 달마도를 모시고 신명을 바쳐서 기도를 하게 되면 신광이 달마대사를 감동시켜서 소원을 이루듯 모든 소원을 이루게 될 것이다.

달마도를 모시고 염불(念佛) 수행을 하는 사람은 현생에서는 수. 복. 강. 녕을 누리며, 다음생에는 극락왕생을 하는데 무생법인(無生法印)을 이루게 된다. 그리고 자신보다는 염불하는 삶이 더 소중함을 깨닫게 된다.

「마음을 잘 쓰면 잘 사는 사람이 된다.
 잘 사는 사람은 행복한 사람이다.」

염불 수행 잘 하고, 나눔봉사 잘 하고,
일 잘하고, 잘 먹고, 잠 잘 자는 것이
자신에게 행복의 지름길이다.

아무리 좋은 화장지라도 쓰임이 다하면 버려진다. 이렇듯 나이든 남이든 쓰임이 다하면 버려진다. 버려짐은 자연스럽다. 모두가 조건에 의해서 만나고 조건이 다하면 흩어짐이 모두 인연법이다.

= 아바로키테 슈와라 =

달마대사는 어떠한 분인가

서래조의최당당 　 자정기심성본향
西來祖意最當當 　 自淨其心性本鄉
묘체담연무처소 　 산하대지현진광
妙體湛然無處所 　 山河大地現眞光

서쪽에서 오신 조사의 뜻은 당당하기가 으뜸이네
스스로가 그 마음을 맑게 하면 마음의 본고향이라
묘체는 담연하여 어디에도 머무름이 없음이기에
산하대지가 참다운 빛을 그대로 드러내도다

　 달마라는 뜻은 인물이 아닌 개념으로는 법(法, Dharma)을 다르마, 달마(達摩), 담마(曇摩), 담무(曇無) 등으로 음사(音寫)하는데, 법칙, 진실·최고의 실재, 불타의 가르침이라는 뜻이다.
　 달마대사는 너무 유명하신 분이기 때문에 사실 여부를 떠나 전설들이 후대에 만들어진 것들도 있을 것이다. 도저히 믿어지지 않는 이야기도 있는데 전설들 하나하나에는 나름대로의 뜻을 가지고 있다.

　 달마대사는 암굴(巖窟)에서 9년 동안 면벽(九年面壁)수행으로 유명하고 자신의 깨우침을 실천불교의 묘법(妙法)으로 보여주고 중국 선종의 한 획을 그으신 분은 확실하다.
　 석가모니 부처님께서 영취산에서 설법하실 때의 일이다. 부처님께서 말씀이 없이 넌지시 든 연꽃을 보고 조용한 미소(염화미소拈華微笑)로 이심전심(以心傳心) 가르침을 받았다는 마하가섭(摩訶迦葉)의 법맥(法脈)을 이심전심으로 달마대사가 계승한다. 달마대사는 불입문자(不立文字), 교외별전(敎外別傳), 직지인심(直旨人心), 견성성불(見性成佛), 심즉시불(心卽是佛)의 선풍(禪風)으로 선종이 창시된다.

선종의 종지는 이심전심(以心傳心)이며 즉심시불(卽心是佛)이다. 마음이 바로 이대로가 부처다.!

"마음 밖에 따로 법이 없으니 심무소착(心無所着) 집착 할 바도 없음이 마음으로 본 업(業)을 삼는다." 삼라만상(森羅萬象) 세상 모두는 특정한 주제자가 따로 있는 것이 아니라 오직 연생연멸(緣生緣滅)하는 인연법이다. 인연 따라서 이루어지고 소멸하는 연기(緣起)하며 존재를 한다.

그래서 제법이 공(諸法空)이라 공성(空性)을 의(義)로 삼게 된다. 특히 달마대사의 좌선수행은 이입사행론(二入四行論)에 근거를 두고 있다. 제자들에게 이것을 가르쳤다고 한다. 마음의 근원의 진리에 이르는 방법을 요약하면 두 가지를 말한다.

첫째는 이입(理入)으로 불교의 진리를 알고 본질을 깨닫는 것이다. 본래의 진실로 돌아가면 벽처럼 고요함을 유지하고 분별을 가리지 않으며 마음의 안정을 유지하는 것이다.

둘째는 실천적 행입(行入)으로 구도자가 수행하는 자세로서 네 가지 실천을 말하는데 다음과 같다.

■ 보원행(報怨行)
전생의 원한은 오랜 기간 동안 살면서 남과 대립하고 증오와 갈등으로 진정한 근본 진리를 모르고 일어난 자신의 죄업이니

원망하거나 척 짓지 말라. 본래의 원리대로 진실한 마음으로 보답하고 실천하는 것이다. 이렇게 진리를 깨우친 지혜로운 자는 진리에 따라서 살아가게 된다.

■ 수연행(隨緣行)

인연법(因緣法)에 맡기는 실천으로 모든 생물이 자아(自我)의 실체(實體)가 없고 인연의 힘에 좌우되며 고락(苦樂)을 감수해야 된다는 것이다. 삶에 있어서 명예나 부(富)는 뜻대로 되었더라도 기뻐할 일이 아니다. 인연이 다하면 본 또 다른 모습으로 변하여 돌아가는 제행무상(諸行無常)이요 제법무아(諸法無我)이기 때문이다. 이렇게 진리를 깨우친 지혜로운 자는 진리에 따라서 살아가게 된다.

■ 무소구행(無所求行)

사물을 탐내지 않는 실천은 모든 것을 탐내지 않고 운명에 맡기고 물질적 욕심을 버리는 것이다. 유구개고(有求皆苦)라 하여 탐내면 괴롭고, 탐내지 않으면 즐거울 것이다. 바라지 않고 탐내지 않으면 진리에 도달하게 될 것이다. 이렇게 진리를 깨우친 지혜로운 자는 진리에 따라서 살아가 된다.

■ 칭법행(稱法行)

진리에 따라서 살아가는 것이다. 법대로 살아가는 실천에 있어서 만물의 본질은 원래 텅 비어 청정한 그대로 존재하기 때문에 일체 현상은 허무이니 집착도 대립도 없다는 것이다. 사물에 얽매이지 않고 망상을 버리고 육체나 재산을 던 저 보시(布施)의 덕을 실천하는 행을 말 한다. 이렇게 진리를 깨우친 지혜로운 자는 진리에 따라서 살아가게 된다.

1. 달마대사와 양무제와의 만남

달마대사께서 처음 도착한 중국의 광주는 당시 양무제라는 왕이 통치하던 양나라였다. 양무제 대왕은 나라 전체에 수많은 절을 짓고, 탑을 세우고, 경전을 번역하고, 많은 스님들을 배출해서 수행 할 수 있도록 돌봐 주는 등 엄청난 불사를 하고 있었다. 불심천자(佛心天子) 전륜성왕이라는 칭호를 받기도 하였다. 이러한 상황에서 남인도 파사국의 왕자출신인 큰 도인 스님이 오셨다는 말을 들은 양나라 무제대왕은 달마대사를 왕실로 초대 하였다.

양무제가 달마대사께 묻기를 "짐이 왕이 된 뒤로 수많은 절을 짓고, 경을 쓰고, 많은 사람이 스님이 되도록 하여 음식과 의복과 탕약은 물론 수행기구 등을 주어 외호(外護)가 헤아릴 수 없을 만큼 많은데 보셨죠?"

"짐에게는 어떤 공덕(功德)이 있습니까?"

달마대사가 대답하기를 "아무 공덕이 없습니다."

어째서 공덕이 없다고 하십니까?

"그것은 인연과 작은 뜻의 작은 결과를 받고 없어지는 공덕이지요. 그림자가 형상을 따르는 것과 같이 있는 것 같지만 실제가 없는 것입니다. 그러기 때문에 무공덕(無功德)이라 공덕은 없는 것입니다."

달마대사의 말뜻을 양무제가 도무지 알아차리지 못하여 또 묻는다.

"진실한 공덕이란 무엇입니까"

'불법의 가장 근본적인 뜻이 무엇이냐'고 물은 것이다.

달마대사가 대답하기를 "청정한 지혜는 묘하고 원만하여 본체가 본래 비어있고 원융하여 고요한 것이니 세간의 유의 법으로는 구하지 못하는 것입니다.”

그렇다면 “어떤 것이 성스런 지혜입니까?”

“전혀 성스럽거나 거룩한 것이 없습니다(廓然無聖)”

‘확연(廓然)’은 어떤 것에도 집착하지 않는 확 트인 무심(無心)의 경지이며, ‘무성(無聖)’은 “어떠한 것이 성제제일의 입니까?”

“성제제일의(聖諦第一義)는 불법의 극치, 불법의 진수인데 이 참 뜻을 물었기 때문에, 불법(佛法)에는 어떠한 ‘성제(聖諦)’도, ‘제일의(第一義)’도 없다”는 뜻으로 대답한 것이다.

양무제가 다시 묻기를. “나와 이야기하는 당신은 무엇입니까?”

달마대사가 대답했다. “모르겠습니다(不識)”

이렇게 대답하자 양무제는 대답의 본 뜻을 알아차리지 못하고 버럭 화를 내며 ‘죽여라’ 명한다. 그러나 신하들이 적극적으로 만류하여 죽음은 면하게 된 달마대사다.

한편 달마대사는 양무제가 불심은 있다고 하지만 마음에 근원인 불법의 참뜻을 알아듣지 못하는 것을 알고, 아직 마음의 심법(心法)인 전법의 시기가 아님을 간파하고 은신처를 찾아 양자강을 건너 북쪽으로 옮겨간다.

달마대사는 갈대 잎을 밟고 그 위에서 위풍당당하게 주장자로 허공을 응시한다. 갈대 잎을 밟고 물위를 달리는 몸이 바다위에 솟은 수미산과 같았으며 고용한 그 마음은 이미 피안에 이른 것이다.

소주(韶州)에 있는 숭산(崇山) 대범사(大梵寺)에 도착하여 소림굴에서 9년 동안 석굴 안 벽만 바라보고 좌선 수행을 한다. 어느 날 신광이 찾아와 법을 구하고자 무릎을 꿇자 “부처님은 법을 얻고자 설산에서 목숨 던지는 6년 고행을 하였거늘 그까짓 간청이냐? 하고 ‘일없다’ 대꾸도 하지 않던 달마대사는 징표를 보여라." 그날 밤 사흘 내 내 내린 눈 속에서 신광은 한쪽의 팔을 절단히어 핏덩이 체 증표로 받치니 "그러면 됐어." "너의 불안한 마음 가져오라. 내가 그대 마음을 안정시켜 주겠네." 그 말이 떨어지는 순간 신광은 대오(大悟)을 하여 "본래부터 밝고 신령스러우며 일찍이 난 적도 죽은 적도 없음을 이름도 모양도 지울 수가 없구나." 이렇게 마음의 본질을 깨닫게 된다. 그동안 불안하고 초조했던 마음이 한 순간 사라졌다. 신광은 달마대사의 수제자가 되어 혜가(慧可)이름으로 중국 선종의 2조(祖)로 추앙받는데 이것이 그 유명한 혜가단비(慧可斷臂)의 구법단비(求法斷臂)의 정신이 사찰의 벽화에 그려져 있다.

달마대사께서 인도에서 중국 양나라에 가셨을 때는 많은 절이 지어지고 인도말로 되어 있는 경을 번역하고 많은 스님들이 출가를 하는 등 불교가 번창하던 때였다. 이렇게 많은 불사를 하려고 하니 불교는 왕이나 대신들의 도움을 받지 않고는 할 수가 없었다. 그리고 왕들은 자신이 불법을 호위하는 왕이라는 말을 들어서 민심을 얻고 싶어 했다. 그래서 자연스럽게 불교는 왕의 옹호와 도움을 받게 되고 따라서 중생심인 아상(我相). 인상(人相). 중생상(衆生相). 수자상(壽者相)이 하늘을 찌르고 승려들의 세간의 지위가 높아가고 있었다. 이렇게 되면서 당시 불교는 불교의 근본 가르침인 깨달음을 얻고 중생을 구제하겠다는 수행보다는 불경을 공부하는 학문적 이론 불교, 세속 권력과 결탁하는 권위적이고 권력적으로 힘 있는 불교가 되다보니 형식적인 불교가 되어 가고 있었다.

다시 말하면 승려는 세속의 권력 아래에 있었고 그 때문에 세속의 가치가 우선이고 불교의 가치는 세속의 가치 아래에 있게 되었다. 그러면서도 절이 많이 지어지고 경전 연구가 활발해지고 승려의 지위가 높아지는 것을 불교가 번창하는 것으로 잘못 인식하고 있었다. 달마대사께서는 눈에 보이는 현상이나 세속의 가치로는 불교를 바르게 알 수가 없다는 것을 양무제와의 대화로 정곡을 찔러 가르쳐 준다.

2. 달마대사의 노엽달마도강도(蘆葉達磨渡江圖)

앞에서 설명하였다시피 양무제대왕은 달마대사의 말을 듣고 자신의 공덕과 선행이 무시당한데 대해 노여움을 참을 수가 없었고, 달마대사는 무제와 인연이 닿지 않음을 알고 양나라를 떠나기로 결심했다.

달마대사가 양자강을 건너려는 순간 양무제의 군사들이 달마대사를 체포하기 위해 다가오고 있었다. 군사들은 양자강 강변을 에워쌌고 달마대사는 꼼짝없이 잡힐 수밖에 없는 상황에 직면했다.

이때에 달마대사는 그 순간 갈대 잎 파리가 양자강 물을 따라 유유히 떠다니고 있는 것을 발견한 달마대사는 법력으로 갈대 잎 파리를 타고 양자강을 건너는데 달마대사의 절로도강(折蘆渡江)"이라 눈을 부릅뜨고 갈대 잎 파리를 타고 양자강을 건너는 모습을 목격한 군사들은 크게 뉘우쳤다고 한다.

사찰 벽화 가운데 달마대사가 갈대 잎 파리 하나를 타고 양자강을 건너가는 모습을 묘사한 것이 '일위도강(一葦渡江)'이다.

노범청파상(蘆泛淸波上)
갈대 잎 맑은 물위에 띄우니
경풍불불래(輕風拂拂來)
가벼운 바람에 나는 듯이 오네

호승쌍벽안(胡僧雙碧眼)

외국 승려의 한쌍의 푸른 눈에

천불일진애(千佛一塵埃)

일천부처도 한웅 큼 먼지뿐일세 (淸虛禪師 달마찬)

3. 달마대사의 몸이 바뀌게 된 연유

달마대사는 인도의 향지국 셋째 왕자로서 일찍이 출가하여 제 27대 반야다라 존자에게 40년간 불법을 배운 뒤 스승의 지시에 따라 나이가 50대에 불교의 바른 법을 펴기 위하여 법력인 신통력으로 갈대 잎을 타고 수 천리 물길을 건너 중국 남해의 광주(廣州)에 도착한다. 이것이 '달마가 동쪽으로 간 까닭이다. 이 무렵의 중국은 불교가 들어온 지 이미 오백년이나 되어 교학(敎學)이 한창 발전한 시대였다.

달마대사는 험상스런 얼굴로 묘사되고 있다. 본래 인도의 왕자였고 선불교의 창시자이시고 법을 깨달으신 분이라면 당연히 인자하시고 수려하며 위엄이 있는 얼굴이어야 한다고 생각 할 수밖에 없다. 그런데 달마도를 보면 험상궂은 얼굴이다. 달마대사는 애초부터 못생긴 얼굴이 아니다. 준수한 용모에 훌륭한 풍채에 달덩이 같은 얼굴 이었다. 광주 땅에서부터는 육로로 걸어 대륙의 중앙으로 가고 있던 중 하루였다. 들판을 가로질러 걷게 되었는데 어찌 된 셈인지 허허벌판에 논밭의 사람의 손길의 흔적은 있되 씨 뿌려 가꾼 곳이라고는 한군데도 없고, 더러 인가(人家)가 있긴 하나 마을이 슬슬하고 사람이 살고 있는 것 같지 않았다. 더욱이 이상한 것은 들판 깊숙이 들어 갈수록 고약한 냄새가 나서 도저히 코로 맡을 수가 없었다. 백 여자(尺)나 되는 길 다란 큰 이무기(늙은구렁이)가 죽어서 썩고 있었다. 민가(民家)가 비고 민심이 흉흉해지자 달마대사는 곧 자기 육신을 근처 풀밭에 벗어놓고 육체 이탈을 하여 영혼을 이무기의 몸으로 들어간다.

이무기를 양자강에 깊은 곳에 버리고 제자리로 돌아왔는데 자신의 육신이 사라져 없어졌다. 아니 이게 웬일인가? 육신(肉身)이 없어졌지 않은가? 「어! 내 몸이 어디 갔지?」 육신을 벗어 놔두었던 그 곳에는 다른 시체가 놓여 있었다. 그 시체의 모습은 세상에서 둘도 없는 거무스레한 추남(醜男)으로 흉측한데 벌써 부패되어 가고 있었다. 눈살을 찌푸리고 고개를 돌려버릴 만큼 흉악하게 못생긴 얼굴이었다. 「이거라도 우선 쓰고서 내 몸을 찾아야지」하고 곧 인가를 찾아가 걸식을 한다. 동네 사람들은 밥을 주기는커녕 저 사람 또 나타났다고 하며 몸을 피하고 달아났다. 마을 사람들이 달마대사인 줄은 모르고 뒤 바뀐 모습의 흉측한 얼굴을 쳐다보고는 모두 시퍼렇게 질려 도망가거나 숨는 것이었다.

달마대사는 마을 한 노인을 만나게 되어 이야기를 듣고서 이 몸이 곤륜산(昆崙山)의 신선 흑안(黑顔)도인의 얼굴이라는 것을 알게 된다. 달마대사는 곤륜산으로 향했다. 천 길이나 되는 깎아지른 암벽 위에 있어서 동굴이지만 보통 인간으로서는 도저히 오르지 못할 곳이었다.

그 곳에서 자기의 육신을 발견하고 그 신선 앞으로 갔다. 그는 흑안(黑顔)도인 이였는데 깜짝 놀라며 겁을 내는 것이었다. '나는 달마이다. 도대체 너는 누구이기에 내 몸을 훔쳐 갔느냐?'는 호령에 그 신선은 무릎을 꿇고 저는 원래 좋은 몸매를 타고나지 못하여 못생긴 모습 때문에 늘 세상 사람들의 놀림을 당해 오던 터이며 그들의 눈을 피하기 위해 산속 깊은 곳에 살고 있습니다만 스스로 저 자신을 저주하여 오던 중, 황량한 들판에 버려진 잘생긴 이 몸을 발견하고 바꾸이 온 것입니다.

달마대사는 다그쳐 묻는다. 이제 좋은 몸을 지녔으니 무엇을 하기 위함인가? 하고 물으니, 신선은 "네, 부귀공명에 눈이 어두워 온갖 악을 짓고 있는 인간들에게 선량하게 살도록 인도하기 위함 입니다" 이렇게 대답을 하자, 그렇게 내 몸을 가지고 좋은 일에 쓴다니, 내 몸을 양보하지! 이렇게 자신의 몸까지 자비(慈悲)를 위하여 보시(布施)를 하였다는 이야기이다.

흑안 도인은 도를 많이 닦았지만 바른 수행의 법력이 부족하여 육체에서 영혼 빠져나오자 부패가 시작이 되었으며 달마대사는 바른 수행으로 법력이 높아 육체가 부패가 되지 않았다는 것이다. 법력이 높으신 달마대사는 비록 흉측스러운 모습으로 바뀌었지만, 중생을 교화하는 데 장애가 없었다고 하며, 자기 육신을 잃어버린 달마대사는 흑안 도인의 얼굴인 못생긴 모습으로 숭산(崇山)의 소림의 동굴에서 수행을 하게 되었다는 전설적인 야사(野史)이다.

북방 불교에 부처님의 바른 법과 참선(參禪)법을 최초로 전해 준 스님이 되었다. 그리고 자신의 몸을 포기하면까지 불교사상이 자비(慈悲)임을 보여준다.

4. 달마대사의 척리달마도(隻履達磨圖)

달마대사의 전신(全身) 달마도를 보면 지팡이에 짚신 한 짝이 걸려있는 것을 보게 된다. 왜 짚신이 한 짝만 걸려있느냐는 것이다. 달마대사는 부처님의 참된 진리를 전하고자 인도에서 머나먼 중국까지 오신 분이다. 불교는 이미 오래 전부터 퍼져있었지만 당시 중국의 스님들은 지나치게 학문적으로만 연구하며 사상적인 논쟁하기를 일삼았고, 신도들은 자신이나 가족들의 복을 비는 기복에 빠져 열중하고 있었다. 그리하여 달마대사는 자신이 전하려는 부처님의 참되고 깊은 진리를 구하려는 사람을 만날 수가 없었다. 달마대사는 때가 아니다 싶어서 소림굴에 들어가 묵묵히 동굴 벽만 향하여 오직 참선 수행을 하면서 부처님의 참된 진리를 이어갈 만한 사람을 기다렸다고 한다.

그렇게 9년이란 긴 세월이 흘렀고, 드디어 신광인 혜가라는 스님이 나타난다. 처음에 달마대사는 그에게 대꾸도 하지 않았다. 이에 혜가스님은 스스로 칼을 들어 한쪽 팔을 잘라 자신의 간절한 마음을 보이자, 달마대사는 기꺼이 그에게 부처님의 참된 진리를 전하게 된다. 그 사이에 많은 중국 스님들은 달마대사의 깊은 마음을 헤아리지 못한 채, 그 높은 인품과 신통력을 시기하고 있었다. 급기야 자신들의 권위가 떨어진다는 두려움 때문에, 몰래 독약을 넣은 음식을 대접하여 살해하려고 다섯 차례나 시도하였지만, 달마대사는 그때마다 수행력의 도력인 법력과 신통력으로써 독(毒)을 토해내어 무사하였다.

달마 대사의 죽음에 대해선 확실치 않다.

보리 유자와 중국 율사 초조인 광통 율사가 독약으로 죽였다고 하는가 하면, 양무제가 암살시키고 탑을 세웠다고 한다.

제자들은 웅이산에서 달마대사의 장례를 치른 뒤 시신(屍身)을 안장하게 된다. 장례를 치루고 삼년 뒤 어느 날, 달마대사의 무덤에 큰 기적이 일어났다.

인도에서 돌아오던 중국 사신 송운이 총령 고갯길에서 달마대사를 만났다고 황제께 아뢰었던 것이었다. 송운은 아주 오래 전 달마대사가 소림굴에서 면벽참선을 하고 계실 때 인사를 드린 적이 있었고, 그 후 바로 인도로 떠났기 때문에 그간에 중국에서 일어난 일을 전혀 모르는 터였다.

그러므로 뜻밖에 길에서 달마대시를 뵙게 된 ~~송운은~~ 무처 감격하였다고 한다.

"스님 어디로 가십니까?"

"서천국을 가는 길일세"

"인연이 다하여 이젠 인도로 돌아가는 거요. 이어서 그대가 모시던 황제는 이미 세상을 떠났소."

그러면서 총총히 사라지는 달마대사는 어깨에 주장자를 걸치고 계셨는데 그 끝에는 이상하게도 짚신이 한 짝만 매달려있더란 것이다.

송운은 망연하여 급히 돌아와 보니, 달마대사의 말대로 자신이 모시던 황제는 이미 세상을 떠나 새로운 효장(孝莊)황제가 즉위하여 있었다.

송운이 궁궐에 도착하여 황제를 뵙고 오던 길에 달마대사를 만난 이야기를 상세히 아뢰자, 이를 이상히 여긴 황제가 달마대사의 무덤을 파보라고 시켰던 것이다. 황제의 병사들에 의해서 달마대사의 무덤이 파헤쳐지고 관 뚜껑이 열리자, 주위를 둘러싼 모든 이들의 눈은 모두 휘둥그레지고 만다.

뜻밖에도 무덤 속의 관은 텅 비어 있었고 달마대사의 짚신 한 짝만이 남아있었다고 한다. 송(宋)나라는 달마에게 원각대사(圓覺大師)라는 시호를 내렸고 탑에 공관(空觀)이란 이름을 붙이게 되었다. 그러니까 신발 한 짝을 벗어두고 고향으로 돌아가신 것이란 서귀달마(西歸達磨)란 이야기인데 한마디로 말을 하자면 달마대사는 신통력으로 죽은 지 삼년 만에 되살아나 즉 부활하여 인도로 돌아갔다는 이야기다. 그래서 오늘날 달마도를 그릴 때

주장자에 짚신 한 짝만 매고 가는 모습인 척리달마도(隻履達磨圖)를 그리게 된 것이다.

5. 달마대사는 눈꺼풀과 차(茶)나무

그리고 달마도를 자세하게 보면 위 눈꺼풀이 없다. 두 눈을 부릅뜨고 눈꺼풀도 없기 때문에 더욱 무서운 모습을 보이고 있는 이유가 무엇일까? 용맹 정진하는 과정에서 쏟아지는 졸음으로 위의 눈꺼풀이 자꾸 내려오는 것이다. 달마대사는 졸음을 이기기 위해 아예 위 눈꺼풀을 잘라버렸다고 한다. 그로 인해 달마도의 얼굴은 눈이 유난히 부리부리하고 섬뜩해 무섭게 보이게 한다. 잘라낸 눈꺼풀을 앞뜰에 버렸는데 시간이 지나고 그 자리에 묘한 나무 한 구루가 생겨났는데 이 나무가 우리가 지금 즐겨 마시는 차나무의 시초라 한다.

6. 달마대사와 소림무술

불가에서 도를 깨치려는 수행자들이 달마도를 거는 이유 중에 하나도 달마의 강한 의지를 배우기 위한 교훈이 담겨 있다. 그리고 소림무술의 창시자가 달마대사라고 전해지고 있다.

달마대사께서 숭산 소림사에서 면벽 수행을 하면서 너무 오랫동안 몸을 움직이지 않아 몸이 굳어지는 것을 막기 위해 동물들의 동작을 보고 같이 따라 하였다. 이 동작들이 소림사 무술의 시초가 된다. 뱀의 움직임을 본 뜬 것이 사권이다. 그리고 사마귀가 먹이를 잡는 동작을 따라하신 것이 당랑권이 됐고, 학의 고고한 움직임을 본 뜬 학권이 되었고, 호랑이가 먹이를 잡아채는 동작을 본 뜬 호권, 원숭이의 움직임을 본 뜬 원권 등이라는 이야기이다. 소림사의 무공 중 가장 유명한 것은 근육의 힘을 기르는 역근경과 세수경인데 모두가 달마대사로부터 시작된 것이란 이야기인데 중국의 요가와 의술과 무술이 인도의 영향을 받았으며 쿵후의 전신이 인도 전통무술인 칼라리라고 전해지고 있다.

7. 달마도의 신비한 영험과 신통력

달마대사의 초상화인 달마도는 귀신을 쫓아내는 신통력이 있다고 믿는 사람도 있고, 수맥을 차단하는 힘이 있다고 전해진다. 달마는 진리다. 달마도가 귀신을 쫓아내는 힘이 있다. 수맥을 차단하는 것은 아니다. 수맥은 자연이다. 확실한 것은 달마도를 소장하면 효과는 확실하다. 소승이 그려주는 달마도가 인기가 좋았던 것은 효험을 보게 해달라는 소승의 염원이 앞서 있었던 공덕(功德)이 아닐까! 모두가 불보살님의 가피가 있기 때문이라 생각을 한다. 아무튼 소승이 그려주는 달마도에는 생기(生氣)가 있는 것은 사실이다. 어쩌던 달마도는 평소의 기도 원력과 수행력으로 그려야 한다. 부처님을 대신하여 모시는 성상(聖像)으로 모셔야 하기 때문이다. 기도 원력과 수행력이 높고 덕이 높으신 스님들이 그리신 달마도에서는 생기가 발산하여 오라(aura)현상이 생기는 것은 확실하다.

8. 달마대사의 유적

1. 현재 중국 소림사 경내에 달마영석(達磨影石)이 모셔져 있다.
2. 소림사 경내에는 명나라 때 검은 돌로 새긴 달마이엽도강도(達磨一葉渡江圖)가 새겨진 비석이 조성되어 있다.
3. 소림사에 달마대의 면벽상은 명나라 때 새겨진 달마면상(達磨面壁像)이 새겨져 있다.

4. 소림사에 북송(北宋)때 세워진 면벽지탑(面壁之塔)이 새겨져 있다.

5. 초조암(初組菴)은 오유봉에 있는데 석굴에 황색 옷을 입혀 놓은 달마상이 모셔져 있다.

6. 오유봉 정상에 달마석상이 조성되어 있다.

7. 소림사 경내에 달마조정(達磨組庭)이 있는데 달마대사를 모시기 위해서 세운 집이다. 옛날에는 달마 좌상을 봉안했다고 한다.

8. 소림사 공우객당(供于客堂)에 명나라 때 조성된 달마 동상이 모셔져 있다.

9. 소림사에 입설정에 입설정달마상(立雪亭達磨像)이 혜가(慧可)의 제자들과 함께 모셔져있다.

1. 달마도 눈 그리기

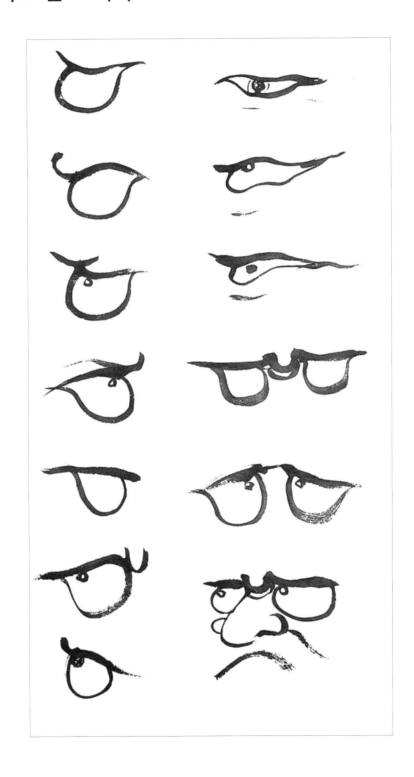

2. 달마도 코 그리기

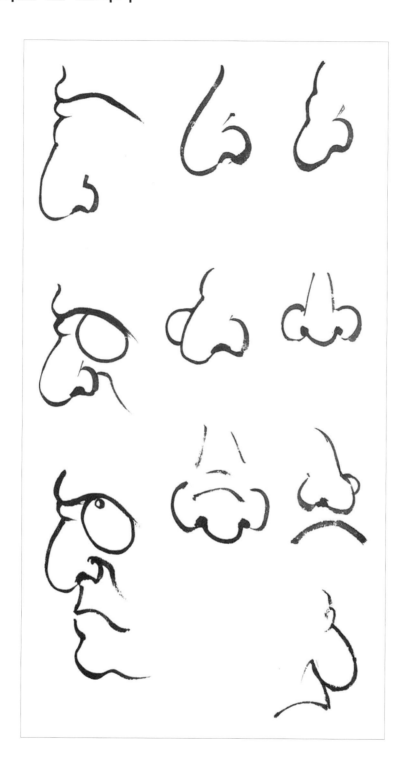

3. 달마도 입 그리기

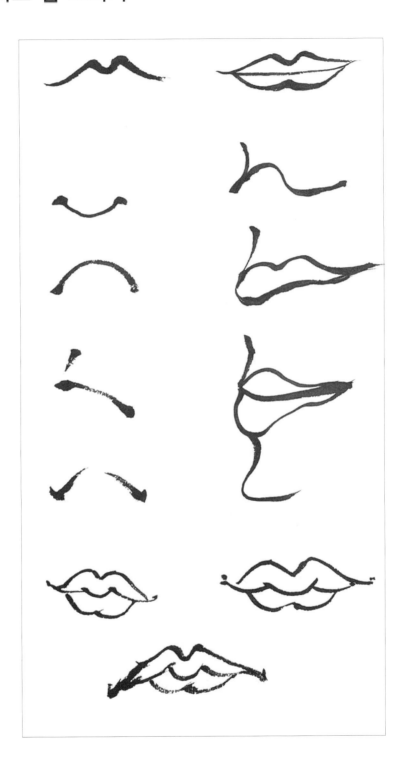

4. 달마도 귀 그리기

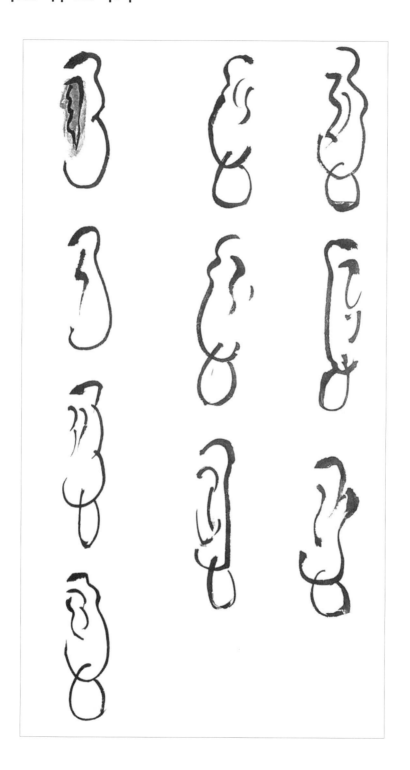

5. 달마도 눈썹 그리기

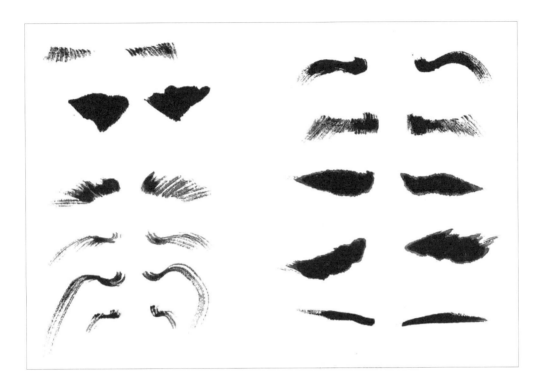

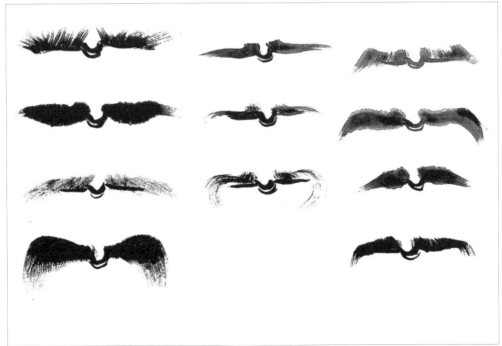

6. 달마도 그리기 연습

6. 달마도 그리기 연습

7. 달마도 그리는 순서 익히기

松月스님
108달마도

■ 관세음보살님. 송월 스님 作

관음보살대의왕 감로병중법수향
觀音菩薩大醫王 甘露瓶中法水香
쇄탁마운생서기 소제열뇌획청량
灑濯魔雲生瑞氣 消除熱惱獲淸凉

관세음보살은 큰 의사의 왕이시라
감로병 안의 법수가 향기롭다
구름같은 마귀씻어 상서로움 일고
번뇌 열기 소멸되어 청량함 얻게 하네

■ 도명존자. 송월 스님 作

합장이위화 신위공양구
合掌以爲花 身爲供養具
성심진실상 찬탄향연복
誠心眞實相 讚嘆香煙覆

두손 모아 합장으로써 꽃을 만들고
청정한 몸으로써 공양구를 삼아
성심을 다 받치는 진실한 참 모습
찬탄의 향기를 가득 채우겠나이다

일체유심조 一切唯心造
모두가 마음 따라서 이루어진다

약이색견아 이음성구아 시인행사도 불능견여래
若以色見我 以音聲求我 是人行邪道 不能見如來
만약 색상으로써 나를 보려하거나 음성으로써 나를 구하거나 하면
이 사람은 사도를 행함이라 능히 여래를 보지 못하리라

초재진보 招財進寶
재물을 불러서 보배를 이룬다

유중장일 월장내 악건곤
柚中藏日 月掌內 握乾坤
태양은 유자 나무에 가리고 달은 손바닥에 있어 천지를 쥐고 운행하도다

조고각하 照顧脚下
발밑을 비추어 돌아보라

삼십년래심검객 기회락엽우유지
三十年來尋劍客 幾回落葉又柚枝
삼십년 동안 마음 찾던 나그네 잎지고 꽃피는 것 그 얼마나 보았던가

막구수중월 자구심중월
莫求水中月 自求心中月
물속의 달을 건지려 들지 말고
스스로 자신의 마음 속에 있는 달을 찾아라

춘유백화추유월 하유량풍동유설
春有百花秋有月 夏有凉風冬有雪
봄에는꽃 피고가을에는 밝은 달 여름에는서늘한 바람 겨울에는 포근한 눈
약무한사괘심두 갱시인간호시절
若無閑事掛心頭 更是人間好時節
마음에거리낌 없이 한가롭다면 이야말로 인간세상 좋은 시절이라

제악막작 중선봉행 자정기의 시제불교
諸惡莫作 衆善奉行 自淨其意 是諸佛敎
모든 악을 짓지 말고 온갖 선을 받들어 행하라
스스로 그 뜻을 깨끗이 하는 것이 모든 부처님의 가르침이니라

청산은 나를 보고
말없이 살라 하고
창공은 나를 보고
티없이 살라 하네
탐욕도 벗어 놓고
성냄도 벗어 놓고
물같이 바람같이
살다가 가라 하네

군산청룡사 송월

48

일체유심조 一切唯心造
모두가 마음따라서 이루어진다

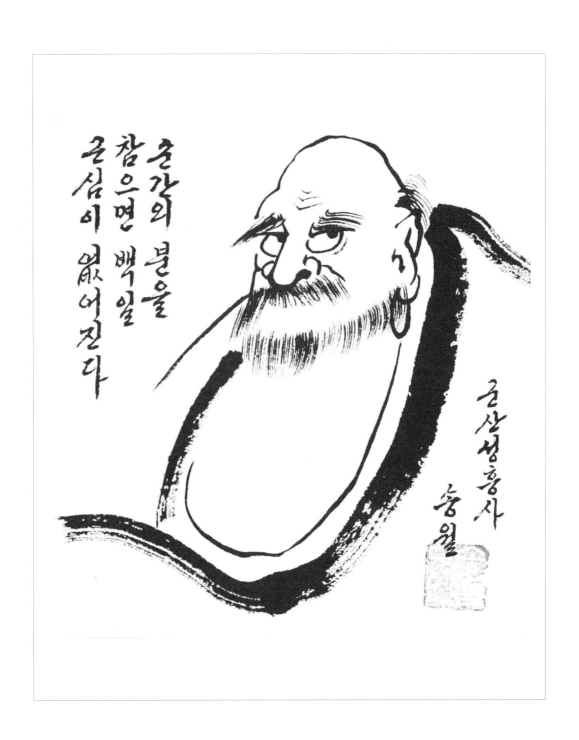

근간의 분을 참으면 백일 근심이 없어진다

근산성흥사 농월

인 忍
순간의 분을 참으면
백일 근심이 없어진다.

막여심위반 무심심자안 약장심작반 동즉피심만
莫與心爲伴 無心心自安 若將心作伴 動卽被心謾
마음과 짝하지 마라 마음이 없으면 마음이 스스로 편안하다
만약 마음과 짝했다간 걸핏하면 마음에 속으리라

아래문도무여설 운재청천수재병
我來問道無餘說　雲在靑天水在瓶
나에게 도를 물어온다면 할 말은 없고
구름은 파란 하늘에 있고 물은 병에 있다고 하리라

초재진보 招財進寶

재물을 불러서 보배를 이룬다. 자기를 이기는 승자가 된다.

심즉시불 心卽是佛
마음이 바로 부처다

작일야차심 금조보살면 보살여야차 불격일조선
昨日夜叉心 今朝菩薩面 菩薩與夜叉 不隔一條線
어제는 야차의 마음이었는데 오늘은 보살의 얼굴이네
보살이나 야차가 한 치의 차이도 없네

火宅

세상은 모두
불타고 있다
탐욕의 불
분노의 불
무지의 불
나아 슬프도다
목마이여

松月

화택 火宅
세상은 모두 불타고 있다

견성성불 見性成佛

성품을 보면 부처를 이룬다

남과 척짓지 말라

심불급중생 시삼무차별
心佛及衆生 是三無差別
마음과 부처와 중생(衆生)에 이르기 까지
이 셋(三)은 차별이 없음이라

막구수중월 자구심중월
莫求水中月 自求心中月
물속의 달을 건지려 들지 말고
스스로 자신의 마음 속에 있는 달을 찾아라

달마

선용기심 善用其心
그 마음 잘 써라

불 佛
마음을 잘 쓰면 부처지

봄에는 꽃이
피고 가을에는
달이오 여름에는
맑은바람 겨울
에는 눈이 있네
그대 마음이와 같이
넉넉하다면 이야말로
인간세상 좋은 시절이네

군산 경룡사 송월

현금즉시 갱무시절
現今卽是 更無時節
지금이 아니면 다시 때는 있지 않다

즉심시불 卽心是佛
마음이 즉 부처다

수처작주
隨處作主
지금 있는 곳에서 주인이 되라

오유지족 吾唯知足
나는 오직 만족을 안다

막문서천안양국 백운단처유청산
莫問西天安養國 白雲斷處有靑山
서방 극락세계 어디냐고 묻지를 말게 흰구름 걷히면 그대로 청산이다

초심 初心
늘 처음처럼

본래무일물 하처야진애
本來無一物 何處惹塵埃
본래 하나의 물건도 없는 것이니, 어디서 티끌이 일어나리오

막구수중월 자구심중월
莫求水中月 自求心中月
물속의 달을 건지려 들지 말고
스스로 자신의 마음 속에 있는 달을 찾아라

초재진보 招財進寶
재물을 불러서 보배를 이룬다. 소중한 인연들 감사합니다

남에게
나쁜 말로
성내지 마라
악이 가면
두려운
갚음이 온다

松月

천척사륜직하수 일파재동만파수　　야정수한어불식 만선공재월명귀
千尺絲綸直下垂 一波緯動萬波隨　　夜靜水寒魚不食 滿船空載月明歸
길고 긴 낚시 줄을 바로 아래로 내리니
한 물결 겨우 움직이자 많은 물결이 뒤따르네.
밤은 고요하고 물은 차서 고기는 물지 않아
빈 하늘만 배에 가득 싣고 달 빛 아래 돌아가는구나

초재진보 招財進寶

재물을 불러서 보배를 이룬다. 형편이 잘 풀릴 때 조심하라

진시심중 화소공덕림
瞋是心中 火燒功德林
성을 냄은 마음속에 불꽃이라 공덕의 숲을 불태운다

기심 其心
그 마음, 걸림없이 살라

진시심중 화소공덕림
瞋是心中 火燒功德林
성을 냄은 마음속에 불꽃이라 공덕의 숲을 불태운다

초재진보 招財進寶

재물을 불러서 보배를 이룬다. 인연복은 제일이라

심중무일사 만경불능전
心中無一事 萬境不能轉
마음 가운데 아무 일, 걸림이 없으면
만 가지 경계가 자기를 움직이거나 흔들 수 없다

심중무일사 만경불능전
心中無一事 萬境不能轉
마음 가운데 아무 일, 걸림이 없으면
만 가지 경계가 자기를 움직이거나 흔들 수 없다

삼세제불 응관법계성 일체유심조
三世諸佛 應觀法界性 一切唯心造
과거 현재 미래의 모든 부처를 알고 싶거든
마땅히 법계의 성품을 비추어 관할지니 일체 모든 것은 마음으로 지어졌음이라

심즉시불 心卽是佛
마음이 바로 부처다

유심 唯心
오직 마음이지

막구수중월 자구심중월

莫求水中月 自求心中月

물속의 달을 건지려 들지 말고 스스로 자신의 마음 속에 있는 달을 찾아라

常淨

상정 常淨

너는 더러운 곳에 있어도 물들지 않는구나

현금생생사즉시 現今生生死卽是
지금 태어 나지만 태어 났기에 죽음인 것이다

나약하면 남이 없신 여기느니라

작일야차심 금조보살면
昨日夜叉心 今朝菩薩面
어제는 야차의 마음이었는데 오늘은 보살의 얼굴이네

인생은 덧없다
부지런히 정진하라

죽영소계진부동 월륜천소수무흔
竹影掃階塵不動 月輪穿沼水無痕
대나무 그림자가 뜰을 쓸되 티끌은 조금도 움직이지 않고
달빛이 연못을 뚫되 물은 아무 흔적이 없네

날마다 좋은 날이지

松月

달마
날마다 좋은 날이지

화탕풍요천지괴 요요장재백운간　일성휘파금성벽 단향불전칠보산
火蕩風搖天地壞 寥寥長在白雲間　一聲揮破金城壁 但向佛前七寶山
불길에 모든 것은 다 타버리고 바람에 천지가 다 부서져 고요한 하늘가에
흰구름만 오락가락하나니 단번에 무쇠같은 성벽을 무너뜨리고 이젠 서방정토
아미타 부처님이 계신 곳으로 가소서

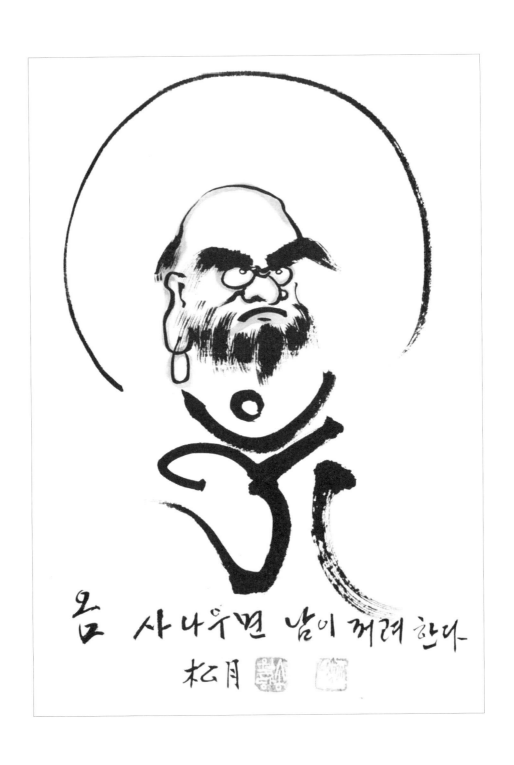

음 사나우면 남이 꺼려한다
松月

달마
사나우면 남이 꺼려한다

응관법계성 일체유심조
應觀法界性 一切唯心造
마땅히 법계의 성품을 비추어 관할지니 '일체 모든 것은 마음으로 지어졌음'이라

세월이 간섭하지 안건만
면전의 학의 머리는 붉음을 보았는고

본래무일물 역무진가불
本來無一物 亦無塵可拂
본래 가지고 온 것이 없으니 털어야 할 티끌도 없다

늘 자신을 보라

믿음을 갖어라
모든 공덕의 어머니가 된다

제악막작 중선봉행 자정기의 시제불교
諸惡莫作 衆善奉行 自淨其意 是諸佛敎
모든 악을 짓지 말고 온갖 선을 받들어 행하라
스스로 그 뜻을 깨끗이 하는 것이 모든 부처님의 가르침이니라

선 禪
늘 깨어 자신을 보라

내 인생에서 가장 행복한 날은
바로 오늘이다

차 마시고 가게나

일체유위법 여몽환포영 여로역여전 응작여시관

一切有爲法 如夢幻泡影 如露亦如電 應作如是觀

일체의 있다고 하는 것은 꿈과 같고 환상과 같고 물거품과 같으며

그림자와 같으며 이슬과 같고 또한 번개와 같으니 응당 이와 같이 관할지니라

常樂
하늘을
우러러
자신을
속이지
않는다
榴月

상락 常樂

늘 즐겁다. 하늘을 우러러 자신을 속이지 않는다

萬法歸一 一歸何處
群山聖興寺 扮月

만법귀일 일귀하처
萬法歸一 一歸何處
모든 것이 하나로 돌아간다고 하는데 그 하나는 어디로 돌아갑니까

게으름이 가장 큰 도둑이다

불은만당　佛恩滿堂
부처님 은혜가 가정에 가득하다

이웃이 아프면 내가 아프지
松月 [낙관]

자비 慈悲
이웃이 아프면 내가 아프지

현금즉시 갱무시절
現今卽是 更無時節
지금이 아니면 다시 때는 있지 않다

초재진보 招財進寶

재물을 불러서 보배를 이룬다. 부자가 되리라

만법귀일 일귀하처
萬法歸一 一歸何處
모든 것이 하나로 돌아간다고 하는데 그 하나는 어디로 돌아갑니까

입도 立道

옳다는 일은 끝까지 행하라
한 방울의 이슬이 바다를 이룬다

막구수중월 자구심중월
莫求水中月　自求心中月
물속의 달을 건지려 들지 말고
스스로 자신의 마음 속에 있는 달을 찾아라

선 禪

스스로 마음 챙겨라

일체유위법 여몽환포영 여로역여전 응작여시관
一切有爲法 如夢幻泡影 如露亦如電 應作如是觀
일체의 있다고 하는 것은 꿈과 같고 환상과 같고 물거품과 같으며
그림자와 같으며 이슬과 같고 또한 번개와 같으니 응당 이와 같이 관할지니라

선농 禪農
세월은 나를 위해 머물지 않는다

막여심위반 무심심자안 약장심작반 동즉피심만
莫與心爲伴 無心心自安 若將心作伴 動即被心謾
마음과 짝하지 마라 마음이 없으면 마음이 스스로 편안하다
만약 마음과 짝했다간 걸핏하면 마음에 속으리라

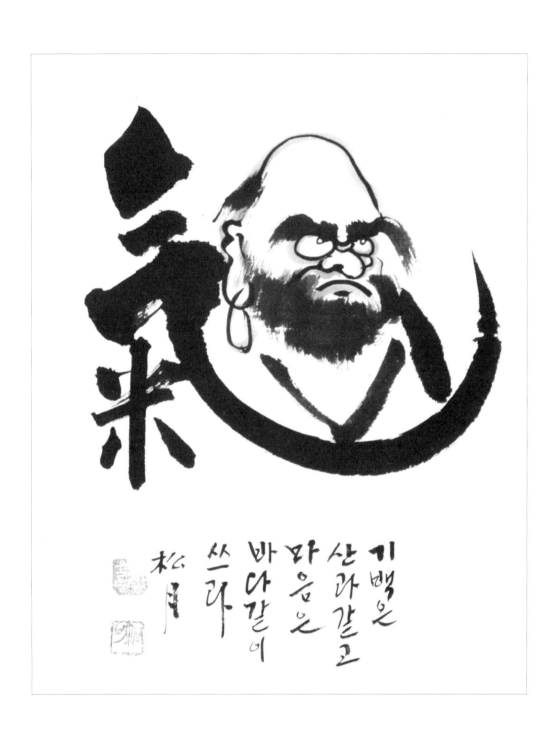

기 氣 달마
기백은 산과 같고
마음은 바다같이 쓰라

일체유심조 一切唯心造
모두가 마음 따라서 이루어진다

유중장일 월장내 악건곤
柚中藏日 月掌內 握乾坤
태양은 유자 나무에 가리고
달은 손바닥에 있어 천지를 쥐고 운행하도다

만법귀일 일귀하처
萬法歸一 一歸何處
모든 것이 하나로 돌아간다고 하는데 그 하나는 어디로 돌아갑니까

일체유위법 여몽환포영 여로역여전 응작여시관

一切有爲法 如夢幻泡影 如露亦如電 應作如是觀

일체의 있다고 하는 것은 꿈과 같고 환상과 같고 물거품과 같으며

그림자와 같으며 이슬과 같고 또한 번개와 같으니 응당 이와 같이 관할지니라

심불급중생 시삼무차별
心佛及衆生 是三無差別
마음과 부처와 중생(衆生)에 이르기 까지 이 셋(三)은 차별이 없음이라

초재진보 招財進寶
재물을 불러서 보배를 이룬다. 사람이 돈이다

니불불도수 금불부도로 목불부도화
泥佛不度水 金佛不度爐 木佛不度火
진흙으로 만든 부처는 물을 건너지 못하고
쇠로 만든 부처는 화로를 지나지 못하고
나무로 만든 부처는 불은 건너지 못한다

니불불도수 금불부도로 목불부도화
泥佛不度水　金佛不度爐　木佛不度火
진흙으로 만든 부처는 물을 건너지 못하고
쇠로 만든 부처는 화로를 지나지 못하고
나무로 만든 부처는 불은 건너지 못한다

심중무일사 만경불능전
心中無一事 萬境不能轉
마음 가운데 아무 일, 걸림이 없으면
만 가지 경계가 자기를 움직이거나 흔들 수 없다

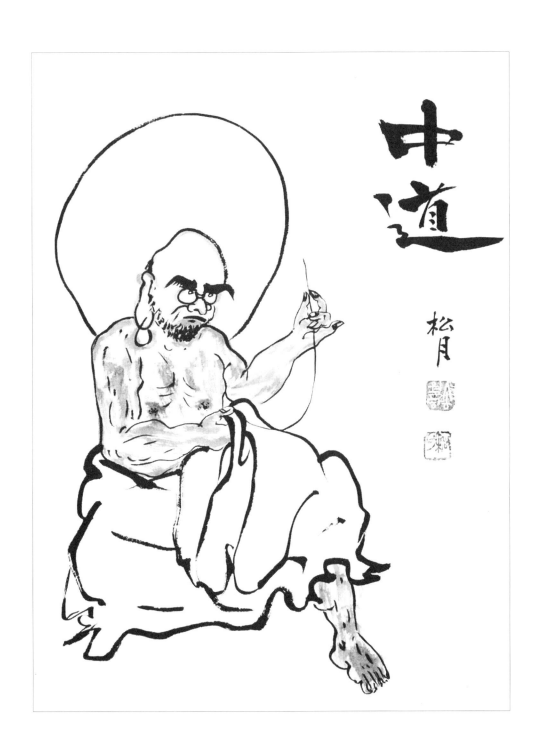

중도 中道
바르게 살라

참기 어려움을 참는 것이
진실한 참음이요 누구나
참을수 있는것을 참는것은
일상의 참음이라
자기보다 약한이
의 허물을 기꺼이
용서하라
울산 성불사 송월 배

130

정전백수자 독야 사시춘
庭前柏樹子 獨也 四時春
뜰앞에 잣나무 홀로 있어 춘하추동이 봄일세

청산첩첩미타굴 창해망망적멸궁   물물염래무가애 기간송정학두홍
靑山疊疊彌陀窟 滄海茫茫寂滅宮   物物拈來無罣碍 幾看松亭鶴頭紅
첩첩한 푸른 산은 아미타 법당이요   망망대해 넓은 바다는 적멸보궁이로다.
세상사 모든 것 마음 따라 걸림 없는데   소나무 정자 학의 머리 붉음을 보았던가

진시심중 화소공덕림
瞋是心中 火燒功德林
성을 냄은 마음속에 불꽃이라 공덕의 숲을 불태운다.

丈夫

범이 어찌 고양이와 짝하랴 松月

장부 丈夫
범이 어찌 고양이와 짝하랴

일의우일발 출입조주문 답진천산설 귀래와백운
一衣又一鉢 出入趙州門 踏盡千山雪 歸來臥白雲
한 벌의 옷과 한 벌의 발우로 조주의 문을 드나 들었네
산에 산에 쌓인 눈을 다 밟은 뒤에 이제는 돌아와
흰 구름 위에 누워 있다네

범소유상 개시허망 약견제상비상 즉견여래
凡所有相 皆是虛妄 若見諸相非相 卽見如來
모든 있는 모양은 모두 허망한 것이니,
만일 모든 모양이 모양 아닌 것으로 알면 곧 여래를 보느니라

미소 微笑

이른 아침 눈 뜨며 나는 미소짓네
먼저 피어오른 너를 보며 새날 선물을 즐긴다오

만법귀일 일귀하처

萬法歸一 一歸何處

모든 것이 하나로 돌아간다고 하는데 그 하나는 어디로 돌아갑니까

본시무일물 하처기환비

本是無一物 何處起歡悲

본래 한 물건도 없거니 기쁨과 슬픔은 어느 곳에 있는가

오유지족 吾唯知足
나는 오직 만족을 안다

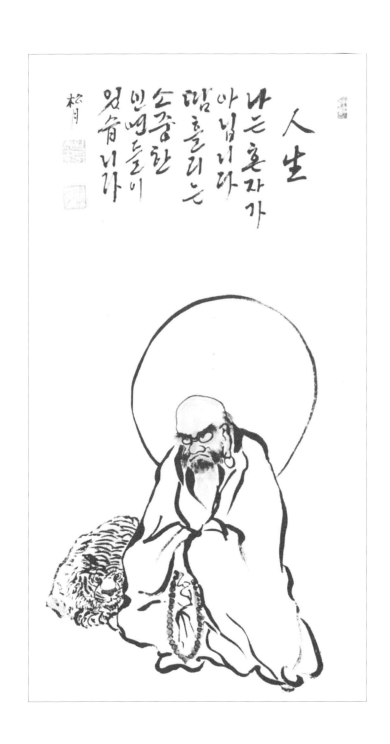

인생 人生
나는 혼자가 아닙니다
땀 흘리는 소중한 인연들이 있습니다

春有百花秋有月 夏有涼風冬有雪　若無閑事掛心頭 更是人間好時節

전산당영수 (前山雲養壽)

춘유백화추유월 하유량풍동유설　약무한사괘심두 갱시인간호시절
春有百花秋有月 夏有凉風冬有雪　若無閑事掛心頭 更是人間好時節
봄에는꽃 피고가을에는 밝은 달 여름에는서늘한 바람 겨울에는 포근한 눈
마음에거리낌 없이 한가롭다면 이야말로 인간세상 좋은 시절이라

노범청파상 경풍불불래 호승쌍벽안 천불일진애

蘆泛淸波上 輕風拂拂來 胡僧雙碧眼 千佛一塵埃

갈대 잎 맑은 물위에 띄우니 가벼운 바람에 나는 듯이 오네

외국 승려의 한쌍의 푸른 눈에 일천부처도 한웅 큼 먼지뿐일세

?
내가 누구지

노범청파상 경풍불불래 호승쌍벽안 천불일진애
蘆泛淸波上 輕風拂拂來 胡僧雙碧眼 千佛一塵埃
갈대 잎 맑은 물위에 띄우니 가벼운 바람에 나는 듯이 오네
외국 승려의 한쌍의 푸른 눈에 일천부처도 한웅 큼 먼지뿐일세

수처작주 입처개진

隨處作主 立處皆眞

일하는 곳에서 주인이 되면 서있는 그곳이 참진되다

작일야우심 금조보살면
昨日夜叉心 今朝菩薩面
어제는 야차의 마음이 오늘 아침에는 보살의 얼굴이네
보살이나 야차가 한 치의 차이도 없네

제불범부동시환　약구실상안중애
諸佛凡夫同時幻　若求實相眼中埃
부처니 범부니 하는 것은 빈 이름인데
그 가운데 실상을 찾는 다면 눈 속의 먼지일세

서래소식회자대난노풍냉강파월한
西來消息會者大難蘆風冷江波月寒

150

서래소식회자대난노풍냉강파월한
西來消息會者大難蘆風冷江波月寒

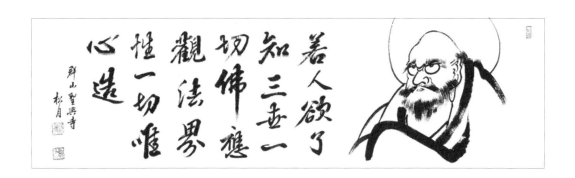

약인욕요지　삼세일체불
若人慾了知　三世一切佛
응관법계성　일체유심조
應觀法界性　一切唯心造
만약 사람이 삼세의 모든 부처님을 알고자 한다면
응당 법계의 성품을 관하라
오직 마음으로 지은 것이니라

일일불작 일일불식(一日不作 日日不食)
하루 일하지 않으면 날마다 먹지 말라

오득서래의 명위 출세인
五得西來意 名爲 出世人
달마대사가 서쪽에 온 까닭을 깨달으면 자유인이다

벽 암 록
(碧 巖 錄)

「벽암이란 원숭이는 새끼를 안고 산중으로 돌아가고,
새는 꽃을 입에 물고 벽암에 떨어 뜨린다」

   영미권에서는 "푸른 절벽의 기록"이란 명칭으로 알려진 벽암록은 선종(禪宗)인 임제종(臨濟宗)의 공안집(公案集)의 하나로, 1125년에 완성되었다. 설두 중현(雪竇重顯)이 전등록(傳燈錄) 1,700칙(則)의 공안 가운데서 100칙을 골라 놓은 것으로 선종에서는 가장 중요한 전적(典籍)으로 여긴다. 중국과 한국, 그리고 일본에서 유통되고 있다.

   달마도는 단순히 그림이 아니다 부처님의 법이요 진리를 표현하기 때문에 달마도는 본 벽암록의 내용과 일맥상통하리라 생각하여 내용을 이해하기는 어렵지만 선어록 벽암록을 의역(意譯)으로 첨부한 것이다.

   달마도의 참뜻이 담겨 있으니 한 구절씩 새겨가며 읽어야 한다.

벽암록 본칙 100

※ 본 내용은 큰스님들의 선(禪)문답의 내용이다.
　　깊이 깊이 숙고하여 뜻을 음미하여 새겨가며 보라.

1. 달마가 모른다 말하다

거 양무제문달마대사 여하시성제제일의 마운 확연무성
擧 梁武帝問達磨大師 如何是聖諦第一義 磨云 廓然無聖
이런 얘기가 있다. 양나라 무제가 달마대사께 물었다. "어떤 것이 불교에서 가장 거룩한 진리입니까?" 달마대사가 답하였다. "넓고 텅 비어 성스러운 것이 없습니다."

제왈 대짐자수 마운불식 제불계 달마추도도강지위
帝曰 對朕者誰 磨云不識 帝不契 達磨遂渡渡江至魏
황제가 물었다. "나를 대하고 있는 그대는 누구요?" 달마대사가 답하였다. "알지 못합니다." 황제가 그 뜻을 깨닫지 못하자, 달마대사가 드디어 양자강을 건너 위나라로 가 버렸다.

2. 조주가 명백함도 필요 없다고 말하다

거 조주시중운 지도무난　유혐간택　재유어언
擧 趙州示衆云 至道無難。唯嫌揀擇。纔有語言。
조주화상이 대중스님들에게 법문 하였다. "지극한 불도는 조금도 어렵지 않다. 오직 취사선택하는 마음을 일으키지 않으면 된다."

시유승문　기불재명백리　호착개심마　주운　아역불지
時有僧問。既不在明白裏。護惜箇什麼。州云。我亦不知。

그 때에 어떤 스님이 질문했다. "깨달음(明白)의 경지에 머무르지 않는다면, 무엇을 보호하고 아껴야 할 것이 있습니까?" 조주화상이 말했다. "나도 모른다."

승운 화상기불지 위심마 욕도불재명백리 주운 문사즉득 예배요퇴

僧云 和尚旣不知。爲什麼。卻道不在明白裏。州云。問事卽得。禮拜了退。

그 스님이 말했다. "화상께서 모르신다면 어찌 깨달음의 경지에도 머무르지 않는다고 말씀 하십니까?" 조주화상이 말했다. "나에게 질문하는 일이 끝났으면 인사나 하고 물러가게!"

3. 마조의 일면불 월면불이라는 대답

거 마대사불안 원주문 화상근일 존후여하 일면불월면불

擧. 馬大師不安. 院主問, 和尚近日, 尊候如何. 日面佛月面佛.

원주스님은 마조화상에게 물었다. "화상께서는 요즈음 법체가 어떠하십니까?" 마조화상이 대답했다. "일면불 월면불이네."

4. 덕산이 바랑을 끼고 걷다

거 덕산도산 협복자 어법당상 종동과서 종서과동 거시운

擧. 德山到山, 挾複子, 於法堂上, 從東過西, 從西過東, 顧視云

덕산스님이 위산영우화상을 참문하여, 걸망을 짊어진 채로 법당에서 동쪽에서 서쪽으로, 서쪽에서 동쪽으로 왔다 갔다 하더니, 뒤돌아보면서 없다. 없어! 라고 말하고는 법당을 나가 버렸다.

무무변출 설두 착어운 감파료야

無無便出. 雪竇, 着語云, 勘破了也.

설두스님이 착어(코멘트)로 말했다. "완전히 파악해 버렸네."

덕산 지문수 각운 야불득초초 편구위의 재입상견
德山, 至門首, 却云, 也不得草草, 便具威儀, 再入相見.
덕산스님은 대문 앞에 이르러 말했다. "경솔해서는 안되지." 다시 몸가짐을 가다듬고 다시 법당에 들어가 위산화상을 친견하였다.

산좌차 덕산 제기좌구운 화상 산의취불자 덕산 변갈불수이출
山坐次. 德山, 提起坐具云, 和尙. 山擬取拂子, 德山, 便喝拂袖而出.
위산화상이 앉아 있는데, 덕산스님은(절을 하려고) 방석을 들면서 "화상!" 하고 불렀다. 위산화상이 불자를 잡으려 하자, 덕산스님이 갑자기 소리를 지르고, 소맷자락을 떨치며 밖으로 나가 버렸다

설두 착어운 감파료요
雪竇, 着語云, 勘破了也.
설두스님이 착어했다. "완전히 파악해 버렸네."

덕산 배각법당 착초혜갱행 산지만 문수좌 적래신도재십처
德山, 背却法堂, 著草鞋便行. 山至晚, 問首座, 適來新到在什處.
수좌운 당시배각법당 착초 혜출거야
首座云, 當時背却法堂, 著草 鞋出去也.
덕산스님은 법당을 뒤로하고 짚신을 신고 곧바로 떠나가 버렸다. 위산화상이 저녁때에 수좌에게 물었다. "아까 낮에 찾아온 그 스님은 어디 있는가?" 수좌는 말했다. "그 당시 법당을 뒤로하고 짚신을 신고 떠나가 버렸습니다."

산운   차자이후 향고봉정상   반결초암   가불마조거재
山云, 此子已後 向孤峯頂上, 盤結草庵, 呵佛罵祖去在.

위산화상이 말했다. "이 사람은 훗날 높은 산봉우리에 암자를 짓고, 부처를 꾸짖고, 조사를 욕할 것이다."

설두 착어운   설상가상
雪竇, 著語云, 雪上加霜.

설두스님이 착어 했다. "눈 위에 또 서리를 첨가하는군."

5. 설봉이 움켜쥔 좁쌀 한톨

거   설봉시중운   진대지촬래   여속미립대   포향면전   칠통불회
舉. 雪峰示衆云, 盡大地撮來, 如粟米粒大. 抛向面前, 漆桶不會.

설봉화상이 대중에게 법문하였다. "온 대지를 손가락으로 움켜서 집어 들면 좁쌀 크기만 하네. 이것을 눈앞에 내던졌지만 새까만 칠통같이 대중은 전혀 알지 못하네.

타고보청간
打鼓普請看.

북을 쳐서 전 대중이 노동(普請)이나 참여 하도록 하라."

6. 운문의 날마다 좋은날

거   운문수어운   십오일이전불문여
舉。雲門垂語云。 十五日已前不問汝。

운문화상이 대중들에게 설법하였다. 15일 이전의 일에 대해서는 그대들에게 묻지 않겠다.

일일시호일　십오일이후도장일구래　자대운

日日是好日。丨五日己後道將一句來。白代云。

"날마다 좋은 날이지"15일 이후에 대해서 한 마디 해 보아라.
스스로 자신이 말했다.

7. 혜초가 무엇이 부처냐고 묻다

거　승문법안　법안운　혜초자화상　여하시불　여시혜초

舉。僧問法眼。法眼云。慧超咨和尚。如何是佛。汝是慧超

혜초스님이 법안화상에게 질문했다. "제가 화상께 질문하겠습니다.
무엇이 부처 입니까?" 법안화상이 말했다. "그대는 혜초이다."

8. 취암의 눈썹을 둘러싼 애기

거　취암하말시중운　일하이래　위형제설화　간취암미모재마

舉。翠巖夏末示衆云。一夏以來。爲兄弟說話。看翠巖眉毛在麼。

취암 화상이 하안거 끝에 대중에게 다음과 같이 설했다. "하안거
동안에 형제 여러분들을 위해서 설법 했는데, 잘 보게! 나(취암)
의 눈썹이 붙어 있는가?"

보복운　작적인심허　장경운　생야　운문운　관

保福云。作賊人心虛。長慶云。生也。雲門云。關。

보복화상이 말했다. "도둑놈은 늘 마음이 편치 못하지." 장경화
상은 말했다. "눈썹이 생겼네!" 운문화상이 말했다. "관문이다."

9. 조주가 보여준 네 개의 문

거　승문조주　여하시조주　주운　동문서문남문북문

舉。僧問趙州。如何是趙州。州云。東門西門南門北門。

어떤 스님이 조주 화상에게 질문했다. "어떤 것이 조주(趙州) 입니까?" 조주 화상은 말했다. "동문, 서문, 남문, 북문이지."

10. 목주가 소리를 지른 뒤 어쩔 테냐고 묻다

거　목　주문승근이심처　　승변할　주운　노승피여일할　승우할
舉。睦　州問僧近離甚處。僧便喝。州云。老僧被汝一喝。僧又喝。

목주 화상이 어떤 스님에게 물었다. "그대는 최근 어디서 왔는 가?" 스님이 갑자기 고함(喝)을 쳤다. 목주 화상이 말했다. "노 승이 그대의 고함에 한번 당하게 되었군!" 그 스님이 또 고함 (喝) 쳤다.

주운　삼할사할후작마생　승무어　주갱타운　저략허두한
州云。三喝四喝後作麼生。僧無語。州便打云。這掠虛頭漢。

목주 화상이 말했다. "그렇게 서너 차례 고함친 다음에는 어찌 하려는가?" 스님이 아무 말이 없자, 목주 화상은 곧장 그 스님을 치면서 말했다. "이 사기꾼 같은 놈!"

11. 황벽이 술찌게미나 먹는 놈이라고 질책하다

거　황벽시중운　여등제인　진시동 (구　동)주조한　임마행각
舉。黃檗示衆云。汝等諸人。盡是噇[口+童]酒糟漢。恁麼行脚。
하처유금일　환지대당국리　무선사마
何處有今日。還知大唐國裏　無禪師麼。

황벽 화상이 대중에게 설법하였다. "그대들은 모두가 술 찌꺼기 나 먹고 진짜 술을 마시고 취한 듯이 흉내 내는 녀석들이다. 이 렇게 수행하는 사람이 언제 불법을 체득할 수가 있겠는가? 위대 한 당나라에 선사가 없다는 사실을 아는가?"

시유승출운 지여제방광도령중 우작마생 벽운 불도무선 지시무사
時有僧出云。只如諸方匡徒領衆。又作麼生。檗云。不道無禪。只是無師
그 때 어떤 스님이 앞으로 나와서 말했다. "전국 여러 총림에서
대중을 지도하고 거느린 선승들은 무엇입니까?" 황벽 화상이 말
했다. "선(禪)이 없다고 말하지 않았다. 선사(禪師)가 없다고 말
했을 뿐이다."

12. 동산의 삼 세 근

거　승문동산　여하시불　산운　마삼근
擧。僧問洞山。如何是佛。山云。麻三斤。
어떤 스님이 동산수초화상에게 질문했다. "무엇이 부처입니까?"
동산 화상이 말했다. "삼 세근(麻三斤)이다."

13. 파릉의 은주 발에 가득담은 눈

거　승문파릉　여하시제바종　파릉운　은완리성설
擧。僧問巴陵。如何是提婆宗。巴陵云。銀碗裏盛雪。
어떤 스님이 파릉 화상에게 질문했다. "무엇이 제바(提婆)의 종지
입니까?" 파릉 화상이 대답했다. "은쟁반에 흰눈을 가득 담았다."

14. 운문이 설명하는 일대시교

거　승문운문　여하시일대시교　운문운　대일설
擧。僧問雲門。如何是一代時敎。雲門云。對一說。
어떤 스님이 운문 화상에게 질문했다. "석가모니 부처님이 한 평
생 설하신 법문의 가르침은 무엇입니까?" 운문 화상이 대답했다.
"질문에 알맞은 일대일(一對一)의 설법을 한 것이다(對一說)."

15. 운문이 일대시교를 뒤집다

거   승문운문   불시목전기   역비목전사시여하   문운   도일설
舉。僧問雲門。不是目前機。亦非目前事時如何。門云。倒一說。

어떤 스님이 운문 화상께 질문했다. "현재 눈앞에 직면한 상대의 마음 작용(機)도 없고, 현재 눈앞에 직면한 문제(事)도 없을 경우는 어떻습니까?" 운문 화상이 대답했다. "일대일(一對一)의 설법도 끝났다(倒一說)"

16. 경청의 톡톡 탁탁

거   승문경청   학인줄   청사탁   청운   환득활야무   승운
舉。僧問鏡淸。學人啐。請師啄。淸云。還得活也無。僧云。

약불활조인괴소   청운   야시   초리한
若不活遭人怪笑。淸云。也是 草裏漢。

어떤 스님이 경청 화상에게 질문했다. "학인이 달걀 속에서 나오려고 신호하면(啐) 화상께서는 병아리가 태어나도록 달걀을 쪼아(啄) 주시오" 경청 화상이 말했다. "과연 살아날 수 있겠는가?" 그 스님이 말했다. "만약 살아나지 못한다면 사람들의 비웃음을 살 것입니다." 경청 화상이 말했다. "역시 형편없는 놈(草裏漢)이군!"

17. 향림이 오래 앉다

거   승문향림   여하시조사서래의   림운   좌구성노
舉。僧問香林。如何是祖師西來意。林云。坐久成勞。

어느 스님이 향림 화상에게 질문했다. "달마조사가 서쪽에서 오신 의미는 무엇입니까?" 향림 화상이 대답했다. "오랫동안 앉아서 좌선하니 피곤하군."

18. 혜충국사의 무봉탑

거　숙종황제분충국사　백년후소수하물　국사운　어노승직개무봉탑
舉。蕭宗皇帝問忠國師。百年後所須何物。國師云。與老僧作箇無縫塔
제왈　청사탑양　국사양구운　회마　제운　불회　국사운　오유부법
帝曰。請師塔樣。國師良久云。會麼。帝云。不會。國師云。吾有付法

**숙종 황제가 혜충 국사에게 물었다. "국사께서 입적한 뒤에 필요
한 물건이 무엇입니까?" 국사는 대답했다. "노승을 위해서 이음
새가 없는 탑(無縫塔)을 만들어 주십시요." 황제는 말했다. "국
사께서는 탑의 모양을 말씀해 주십시요." 혜충 국사가 한참 동안
말없이 있다가, "알았습니까?"라고 하자, 황제는 "모르겠습니다"
라고 했다. 국사가 말했다. "나의 법을 부촉한**

제자탐원　각암차사　청조문지　국사천화후　제암탐원　문차의여하
弟子耽源。卻諳此事。請詔問之。國師遷化後。帝詔耽源。問此意如何。

**제자 탐원(耽源)이 있는데, 이 일(此事)을 알고 있습니다. 조서를
내려 그에게 묻도록 하십시요," 국사가 입적한 뒤에 황제는 조서
를 내려 탐원에게 물었다. "이 국사가 말씀한 이 일의 의미는 무
엇입니까?"**

원운　상지남담지북　중유황금　충일국　무형수하합동선
源云。湘之南潭之北。中有黃金。充一國。無影樹下合同船。

탐원이 말했다. "상주(湘州)의 남쪽, 담주(潭州)의 북쪽" (설두가
착어 했다. "한 손으로는 소리가 나지 않는다.") **"거기에는 황금
이 있어 온 나라에 가득하다"** (설두가 착어 했다. "산처럼 생긴
주장자로다.") **"그림자 없는 나무아래 함께 타는 배가 있다."**
(설두가 착어 했다. "바다는 잠잠하고 강물은 맑다.")

유리전상무지식

琉璃殿上無知識。

"유리로 만든 궁전 위에 아는 사람이 없도다." (설두가 착어 했다. "무봉탑에 대하여 할 말은 다했다.")

19. 구지의 손가락 한 개

거 　 구지화상 　 범유소문 　 지수일지

舉。俱胝和尚。凡有所問。只竪一指。

구지화상의 한 손가락 법문 "손가락 하나에 우주의 진리가 다 들어있다."

20. 용아가 선판을 건너다

거 　 용아문취미 　 여하시조사서래의 　 미운 　 여아과선판래 　 아과선판

舉。龍牙問翠微。如何是祖師西來意。微云。與我過禪板來。牙過禪板

여취미 　 미접득편타 　 아운 　 타즉임타 　 요차무조사서래의 　 아우문림제

與翠微。微接得便打。牙云。打卽任打。要且無祖師西來意。牙又問臨濟。

용아화상이 취미 선사에게 질문했다. "달마 조사가 서쪽에서 오신 뜻을 무엇입니까?" 취미 선사는 "나에게 선판(禪板)**을 건네주게나.!"라고 말했다. 용아화상이 선판을 취미 선사에게 갖다 드리자, 취미 선사는 선판을 받자마자 곧바로 후려쳤다. 용아화상은 말했다. "치는 것은 선사 마음대로 치시오. 그러나 조사가 서쪽에서 오신 뜻은 없습니다."**

여하시조사서래의 　 제운 　 여아과포단래 　 아취포단과여림제

如何是祖師西來意。濟云。與我過蒲團來。牙取蒲團過與臨濟。

재접득편타   아운   타즉임타   요차무조사서래의
濟接得便打。牙云。打卽任打。要且無祖師西來意。

용아화상은 다시 임제선사에게 질문했다. "조사가 서쪽에서 오신 뜻은 무엇입니까?" 임제 선사는 말했다. "나에게 방석을 건네주게!" 용아화상은 방석을 임제선사에게 갖다 드리자, 임제선사는 곧장 후려쳤다. 용아화상은 말했다. "치는 것은 선사 마음대로 치시오. 그러나 조사가 서쪽에서 오신 뜻은 없습니다."

21. 지문이 일러준 연꽃

거   승문지문   연화미출수시여하   지문운   연화
擧。僧問智門。蓮花未出水時如何。智門云。蓮花。

어떤 스님이 지문 화상에게 질문했다. "연꽃이 물속에서 꽃이 피지 않았을 때는 무엇입니까?" 지문 화상이 대답했다. "연꽃이다."

회승   출수후여하   운문   하엽
僧云。出水後如何。門云。荷葉。

"연꽃이 물 밖으로 꽃이 피어 나왔을 때는 무엇입니까?" "연잎 (荷葉)이다."

22. 설봉의 자라 코처럼 생긴 독사

거   설봉시중운   남산유일조별비사   여등제인   절수호간   장경운
擧。雪峰示衆云。南山有一條鱉鼻蛇。汝等諸人。切須好看。長慶云。
금일당중   대유인상신실명   승거사현묘   현묘운
今日堂中。大有人喪身失命。僧擧似玄沙。玄沙云。

설봉 화상이 대중에게 설법하였다. "남산에 맹독을 가진 독사(鱉 鼻蛇)가 한 마리 있다. 그대들은 조심하도록 하라" 장경혜능이

말했다. "오늘 이 법당 안에 큰 사람이 있는데, 몸이 상하고 목숨을 잃었다." 어떤 스님이 이 말을 현사스님에게 전달하자, 현사는 말했다.

수시릉형시득 수연여차 아즉불임마 승운 화상작마생
須是稜兄始得。雖然如此。我卽不恁麼。僧云。和尙作麼生。
현묘운 용남산작십마 운문이주장 찬향설봉면전 작파세
玄沙云。用南山作什麼。雲門以拄杖。攛向雪峰面前。作怕勢。
"혜능 형님이 아니면 이렇게 말할 수가 있을까? 그러나 나는 그렇게 말하지 않겠다." 어떤 스님이 질문했다. "그러면 스님은 어떻게 말하겠습니까?" 현사스님이 말했다. "남산이라고 말할 필요가 있는가?" 운문스님은 스승인 설봉화상 앞에 주장자를 던지면서 놀라는 시늉을 했다.

23. 보복이 말한 묘봉

거 보복장경유산차 복이수지운 지저리변시묘봉정 경운 시즉시
擧。保福長慶遊山次。福以手指云。只這裏便是妙峰頂。慶云。是則是。
보복 화상과 장경 화상이 산에서 노닐 때, 보복이 손가락으로 가리키며 말했다. '이곳이 바로 경전에서 말하는 묘봉정(妙峰頂)이다.' 장경이 말했다. '그렇기는 하지만 애석하군!'

하착허 후거사경청 청운 약불시손공 편견촉루변야
可惜許。後擧似鏡淸。淸云。若不是孫公。便見髑髏遍野。
설두 화상이 착어했다. '오늘 이런 사람들과 함께 산놀이해서 무엇 하겠는가?' 또 말했다. '백 천년 뒤에도 (이렇게 말하는 사람이) 출현하지 않는다고 말하지 않는다. 그러나 드물 것이다.' (보

복, 장경 두 사람은) 뒤에 경청에게 이 이야기를 제시하니, 경청 회상은 말했다. '손공(孫公: 장경)이 아니었더라면 온 들에 해골이 가득 널려 있었을 것이다.'"

24. 유철마가 위산을 찾아가다

거 유철마도위산 산운 노자우여래야 마운 래일대산대회재
舉。劉鐵磨到潙山。山云。老牸牛汝來也。磨云。來日臺山大會齋。

"유철마가 위산에 이르자, 위산 화상이 그 비구니에게 말했다. '이 늙은 암소, 그대 왔는가?' 유철마가 말했다. '내일 오대산에서 큰 대중공양(齋)이 있답니다.

화상환거마 위산방신와 마편출거
和尚還去麼。潙山放身臥。磨便出去。

스님! 가시겠습니까?' 위산 화상이 자리에 옆으로 누웠다. 철마는 곧장 법당 밖으로 나가 버렸다."

25. 연화봉 암주가 주장자를 들다

거 연화봉암주 점주장시중운 고인도저리 위십마불긍주
舉。蓮花峰庵主。拈拄杖示衆云。古人到這裏。爲什麼不肯住。
중무어 자대운 위타제로불득력 복운 필경여하
衆無語。自代云。爲他途路不得力。復云。畢竟如何。

연화봉 암자 주지가 입적하던 날 주장자를 제기하고 대중에게 설법했다. '옛 사람은 여기에 이르러 왜 안주하려고 하지 않았는가?' 대중이 아무 말도 없자 자신이 대신 말했다. '그것은 수행의 길에서 별다른 힘이 되지 못하기 때문이다.'

우자대운   즐 목   조   횡담부고인   직입천봉만봉거

又白代云。 椰[木·栗] 橫擔不顧人。 直入千峰萬峰去。

또 다시 이어서 말했다. '필경 어떻게 해야 하는가?' 또 스스로 대중을 대신해서 말했다. '주장자를 비껴들고 옆눈 팔지 않고 첩첩히 쌓인 산봉우리 속으로 곧장 들어가노라.'

26. 백장의 기특한 일

거   승문백장   여하시하특사   장운   독좌대웅봉   승례배   장변장

擧。 僧問百丈。 如何是奇特事。 丈云。 獨坐大雄峰。 僧禮拜。 丈便打。

어떤 스님이 백장 화상에게 질문했다. '어떤 것이 아주 특별(奇特)한 일입니까?' 백장 화상이 대답했다. '홀로 대웅봉에 앉아 좌선하는 일이지.' 그 스님이 예배를 올리자, 백장 화상은 주장자로 후려쳤다.

27. 운문의 앙상한 나무에 부는 가을바람

거   승문운문   수조엽락시여하   운문운   체로금풍

擧。 僧問雲門。 樹凋葉落時如何。 雲門云。 體露金風。

어떤 스님이 운문 화상에게 질문했다. '나무가 시들어 메마르고 잎이 떨어졌을 때는 어떻습니까?' 운문 화상이 대답했다. '가을바람에 나무의 본체가 완전히 드러나지(體露金風).'

28. 남전의 말할 수 없는 법

거   남천참백장열반화상   장문   종상제성   환유불위인설저법마

擧。 南泉參百丈涅槃和尙。 丈問。 從上諸聖。 還有不爲人說底法麼。

천운   유   장운   작마생시불위인설저법   천운   불시심   불시불

泉云。 有。 丈云。 作麼生是不爲人說底法。 泉云。 不是心。 不是佛。

남전 화상이 백장산의 열반 화상을 참문하자, 열반 화상이 질문했다. "예로부터 성인이 남에게 설하지 않은 불법이 있습니까?" 남전 화상이 말했다. "있지요" 백장 화상이 말했다. "어떤 것이 남에게 설하지 않은 불법입니까?" 남전 화상이 말했다. "마음(心)도 아니요, 부처(佛)도 아니요, 중생(物)도 아니요."

불시물 장운 설료야 천운 모갑지임마 화상작마생 장운 아우불
不是物。丈云。說了也。泉云。某甲只恁麼。和尚作麼生。丈云。我又不
시 대선지식 쟁화유설불 설 천운 모갑불회 장운 아태살위이
是大善知識。　爭知有說不說。泉云。某甲不會。丈云。我太殺爲爾
설료야
說了也

백장 화상이 말했다. "설해 버렸군!" 남전 화상이 말했다. "나는 이렇습니다만, 스님은 어떻습니까?" 백장 화상이 말했다. "나는 큰 선지식이 아닌데, 어찌 설할 수 있는 불법과 설할 수 없는 불법이 있는지 알 수 있겠소." 남전 화상이 말했다. "나도 모르겠소(不會)." 백장 화상이 말했다. "내가 그대에게 너무 많이 말했군!"

29. 대수에게 겁화가 탈 때를 묻다

거 승문대수 겁화동연대천구괴 미번저개괴불괴
擧。僧問大隋。劫火洞然大千俱壞。未審這箇壞不壞。
수운 괴 승운 임마즉수타거야 수운 수타야
隋云。壞。僧云。恁麼則隨他去也。隋云。隨他去。

어떤 스님이 대수법진 화상에게 질문했다. "시방세계가 종말하게 될 때 일어나는 맹화(猛火)는 일체의 모든 것을 불태워 삼천 대천의 시방세계가 멸망하게 되는데, 이것(본래면목)도 파괴됩니

까?" 대수 화상이 말했다. "파괴된다." 스님이 말했다. "그렇다면 그도 따라 갑니까?" 대수 화상이 말했다. "그도 따라 간다."

30. 조주의 큰 무 대가리

거 승문조주 승문화상친견남천 시부 주운 진주출대라복두
舉。僧問趙州。承聞和尚親見南泉。是否。州云。鎭州出大蘿蔔頭。
어떤 스님이 조주 화상에게 질문했다. "소문으로 듣기를 화상은 남전 선사를 친견(親見)하였다고 하는데, 정말입니까?" 조주 화상이 말했다. "진주에는 큰 무가 많이 나지."

31. 마곡이 두 군데서 석장을 흔들다

거 마곡지석도장경 요선상삼잡 진석일하 탁연이입 경운
舉。麻谷持錫到章敬。遶禪床三匝。振錫一下。卓然而立。敬云。
마곡스님이 석정(錫杖)을 가지고 장경 화상의 처소에 도착하여 선상의 주위를 세 바퀴 돌고서 석장으로 한번 내려치고 우뚝 서자, 장경 화상이 말했다.

시시 마곡 우도 남천 요선사삼잡 진석일하 초연이입
是是。麻谷 又到 南泉 遶禪床三匝。振錫一下。卓然而立。
"옳지(是) 옳지(是)" 설두 화상이 착어했다. "틀렸다(錯)" 마곡스님이 다시 남전 화상의 처소에 도착해서 선상을 세 바퀴 돌고 석장을 한번 내려치고 우뚝 서 있자,

천운 불시불시 마곡부시운 초경도시 화상위십마도불시
泉云。不是不是。麻谷當時云。章敬道是。和尚爲什麼道不是。

남전 화상이 말했다. "아니야(不是), 아니야(不是)" 설두 화상이 착어했다. "틀렸다(錯)" 당시 미곡스님이 남전 화상에게 말했다. "장경화상은 옳다고 했는데, 화상은 어째서 옳지 않다고 하시오."

천운 초경즉시시 여불시 차시풍력소전 종성패괴
泉云。章敬卽是是。汝不是。此是風力所轉。終成敗壞。
남전 화상이 말했다. "장경은 옳았지만, 그대는 잘못된 것이야!"
이것은 바람의 힘(風力)으로 그렇게 된 것이니 결국 부서지고 만다.

32. 임제가 한 대 때리다

거 정상좌 문림제 여하시불법대의 재하선상금주 여일장 변탁개
擧。定上座。問臨濟。如何是佛法大意。濟下禪床擒住。與一掌。便托開
"정(定) 상좌가 임제 선사에게 질문했다. '무엇이 불법의 대의입니까?' 임제 선사는 선상에서 내려와 정 상좌의 멱살을 붙잡고 손으로 뺨을 한대 후리치고는 바로 밀쳐 버렸다.

정저입 방승운 정상좌하불례배 정방례배 홀연대오
定佇立。傍僧云。定上座何不禮拜。定方禮拜。忽然大悟。
정 상좌가 멍하니 서 있자, 곁에 있던 한 스님이 말했다. '정 상좌! 선사께 왜 절을 올리지 않는가?' 정 상좌가 임제 선사께 절을 하려는 그 순간 크게 깨달았다."

33. 자복의 일원상

거 진조상서간자복 복견래변주일원상 조운 제자임마래
擧。陳操尚書看資福。福見來便畫一圓相。操云。弟子恁麼來。
조시불착변 하황갱주일원상 복변엄각방장문
早是不著便。何況更畫一圓相。福便掩卻方丈門。

"진조 상서가 자복 화상의 견해를 시험하기 위해 찾아갔다. 자복 화상은 그가 오는 것을 보고 하나의 원상을 그렸다. 진조가 말했다. '제자가 이렇게 와서 아직 자리에 앉지도 않았는데, 하나의 원상을 그려서 어찌하자는 것입니까?' 자복화상은 곧장 방장실의 문을 닫아 버렸다.

설두운   진조지구일척안
雪竇云。陳操只具一隻眼。
설두화상이 착어했다. '진조는 단지 한쪽 눈만을 갖춘 인물이다.'"

34. 앙산이 아직 산구경도 못했느냐고 나무라다

거   앙산문승   근리심처   승운   여산   산운증유오노봉마
擧。仰山問僧。近離甚處。僧云。廬山。山云曾遊五老峰麼。
승운   불증도   산운   도려불증유산
僧云。不曾到。山云。闍黎不曾遊山。
"앙산 화상이 어떤 스님에게 물었다. '최근 어디서 왔는가?' 스님은 대답했다. '여산에서 왔습니다.' 앙산 화상이 물었다. '오노봉(五老峯)에도 가 보았는가?' 스님은 대답했다. '아직 가보지 못했습니다.' 앙산 화상이 말했다. '그대는 아직 산놀이를 하지 못했군!'

운문운   차어개위자비지고   유락초지담
雲門云。此語皆爲慈悲之故。有落草之談。
운문 선사가 말했다. '이 말은 모두 자비심 때문에 중생을 위한 방편의 말(落草之談)이다.'"

35. 문수가 앞에도 셋넷 뒤에도 셋넷이라고 말하다

거   문수분부작   ㄹ리십마저   무착운   남방   ㅅ운   남방불법
舉。文殊問無著。近離什麼處。無著云。南方。殊云。南方佛法。
"문수가 무착에게 물었다. '최근 어디를 떠나 왔는가?' 무착이 말했다. '남방에서 왔습니다.' 문수가 물었다. '남방에서는 불법을

여하주지   착운   말법비구   소봉계율   ㅅ운   다소중   착운
如何住持。著云。末法比丘。少奉戒律。殊云。多少衆。著云。
어떻게 실천(住持)하는가?' 무착이 말했다. '말법시대의 비구가 계율을 잘 지키지 않습니다.' 문수가 말했다. '대중이 얼마나 되는가?' 무착이 말했다. 이 문수에게 질문했다.

혹삼백   혹오백   무착문문수   차간여하주지   ㅅ운   법성동거용사혼잡
或三百。或五百。無著問文殊。此間如何住持。殊云。凡聖同居龍蛇混雜。
착운   다소중   ㅅ운   전삼삼후삼삼
著云。多少衆。殊云。前三三後三三。
'300명에서 500명 정도입니다.' 무착 '여기서는 어떻게 불법을 실천(住持) 합니까?' 문수가 말했다. '범부와 성인이 함께 있고, 용과 뱀이 뒤섞여 있다.' 무착이 질문했다. '대중이 얼마나 됩니까?' 문수가 말했다. '앞도 삼삼(三三), 뒤도 삼삼(三三)'이다."

36. 장사가 봄기운을 느끼다

거   장사   일일유산   귀지문수   수좌문   화상십마처거래
舉。長沙。一日遊山。歸至門首。首座問。和尚什麼處去來。
사운   유산래   수좌운   도십마처래   사운   시수방초거
沙云。遊山來。首座云。到什麼處來。沙云。始隨芳草去。

174

우추락화회

又逐落花回。

"장사 화상이 하루는 산을 유람하고 돌아와 대문 앞에 이르자, 수좌가 질문했다. '화상은 어디를 다녀오십니까?' 장사 화상이 말했다. '산을 유람하고 오는 길이다.' 수좌가 말했다. '어디까지 다녀오셨습니까?' 장사 화상이 말했다. '처음은 향기로운 풀을 따라 갔다가 그리고는 지는 꽃을 따라서 돌아 왔다.'

좌운 대사춘의 사운 야승추로적부거

座云。大似春意。沙云。也勝秋露滴芙蕖。

수좌가 말했다. '아주 봄날 같군요.' 장사 화상이 말했다. '역시 가을날 이슬 망울이 연꽃에 맺힌 때보다야 낫지.' 설두 화상이 착어했다. '대답에 감사드립니다.'"

37. 반산의 마음을 찾음

거 반산수어운 삼계무법 하처구심

擧。盤山垂語云。三界無法。何處求心。

반산화상의 상당법문 말하다.

삼계(三界)는 무법(無法)인데, 어디에서 마음을 구하랴!

38. 풍혈의 무쇠로 만들 소

거 풍혈재영주아내 상당운 조사심인 장사철오지기 거즉인주

擧。風穴在郢州衙內。上堂云。祖師心印。狀似鐵牛之機。去卽印住。

주즉인파 지여불거불주 인즉시 불인즉시 시유노파장로출문

住卽印破。只如不去不住。印卽是。不印卽是。時有盧陂長老出問。

175

풍혈화상이 영주(州) 관청(官衙)의 법당에서 설법하였다. '조사의 마음 도장(心印)의 모양이 무쇠소(鐵牛)의 지혜작용(機)과 같다. 도장을 떼면 집착하는 것이고, 찍어두면 도장으로 쓸모가 없다. 도장을 떼지도 못하고, 그대로 두지도 못하니, 도장을 찍어야 옳은가? 찍지 말아야 옳은가?'

모갑유철우지기　청사불탑인　혈운　관적경예증거침
某甲有鐵牛之機。請師不搭印。穴云。慣釣鯨鯢澄巨浸。
각차와보전니사　피저사　혈할운　장노하불진어　피의의
卻嗟蛙步輾泥沙。陂佇思。穴喝云。長老何不進語。陂擬議。
'나한테 무쇠소의 지혜작용(機)이 있습니다. 화상은 찍지 마시요!' 풍혈화상이 말했다. '고래를 낚아 바다를 맑히는 일은 익숙하지만, 개구리 걸음으로 진흙 속에서 허우적거리는 것에는 흥미 없다.' 노파장로가 한참동안 생각에 잠기자, 풍혈화상이 고함치며 말했다. '장로는 왜 말을 계속하지 못하는가?' 여전히 장로가 머뭇거리자, 그 때 노파장로가 대중 가운데서 나와 말했다.

혈정일불자　혈운　환기득사두마　시거간　파의개구　혈우정일불자
穴打一拂子。穴云。還記得話頭麼。試擧看。陂擬開口。穴又打一拂子。
목주운　불법여왕법일반　혈운　견개십마도리
牧主云。佛法與王法一般。穴云。見箇什麼道理。
풍혈화상은 불자(拂子)를 한번 치고 말했다. '할 말을 찾고 있는가? 어서 말해봐라!' 노파장로가 무슨 말을 하려고 하자, 풍혈화상은 또다시 한차례 불자로 치니, 지사(牧使)가 말했다. '불법과 왕법이 똑같군요.' 풍혈화상이 말했다. '그대 지사는 무슨 도리를 보았는가?'

목주운　당단불단반초기란　혈변하좌
牧主云。當斷不斷返招其亂。穴使下座。

지사가 말했다. '끊어야 할 것을 끊지 않으면 도리어 재앙을 불러들이게 됩니다.' 풍혈화상은 곧바로 법좌에서 내려왔다.

39. 운문의 꽃으로 장엄한 울타리

거　승문운문　여하시청정법신　문운　화락란
舉。僧問雲門。如何是淸淨法身。門云。花藥欄。

승운　변임마거시여하
僧云。便恁麼去時如何。

어떤 스님이 운문화상에게 질문했다. '어떤 것이 청정 법신입니까?' 운문화상이 대답했다. '작약(芍藥) 꽃밭이다.' 그 스님이 또 질문했다. '바로 이러한 법신의 경지에 있을 때는 어떻습니까?'

문운　금모사자
門云。金毛獅子。

운문화상이 대답했다. '황금빛 털의 사자로다.'

40. 남전의 꽃 한포기

거　육긍대부　여남천어화차　육운　조법사도
舉。陸亘大夫。與南泉語話次。陸云。肇法師道。

천지여아동근　만물여아일체　야심기괴
天地與我同根。萬物與我一體。也甚奇怪。

육긍대부가 남전화상과 대화를 나누면서, 육긍대부가 질문했다. "승조(僧肇)법사는 '천지는 나와 한 뿌리이며 만물은 나와 한 몸'

이라고 말했는데, 이것은 정말 훌륭한 말이군요."

남천지정전화　초부부운　시인견차일주화　여몽상사
南泉指庭前花。召大夫云。時人見此一株花。如夢相似。
남전화상이 정원에 핀 꽃 한 송이를 가리키며 대부를 부르면서
말했다. "요즘 사람들은 이 꽃 한 송이의 꽃을 마치 꿈을 꾼 것
과 같이 보고 있다."

41. 조주의 크게 한번 죽은 사람
거　조주문투자　대사저인각활시여하　투자운　불허야행　투명수도
舉。趙州問投子。大死底人卻活時如何。投子云。不許夜行。投明須到。
조주화상이 투자선사에게 질문했다. '크게 한번 죽은 사람이 되
살아날 때는 어떻습니까?' 투자선사가 대답했다 '야간에 통행을
해서는 안 된다. 날이 밝으면 반드시 도착해야 한다.'

42. 방거사가 눈이 내리는 것을 좋아하다
거　방거사사약산　삼명십인선객　상송지문수　거사지공중설운
舉。龐居士辭藥山。山命十人禪客。相送至門首。居士指空中雪云。
호성편편부락별처
好雪片片不落別處。
방거사가 약산선사를 방문하고 하직할 때, 약산은 열명의 선승들
에게 방거사를 산문 앞에 까지 전송하도록 지시했다. 방거사는
마침 허공에 날리고 있는 눈송이를 가리키며 말했다. '정말 멋진
눈이야! 눈송이 하나하나가 다른 곳에 떨어지지 않는군!'

시유전선객운 락재십마처 사정일당
時有全禪客云。落在什麼處。士打一掌。

그때 선승들이 모두 방거사 곁에서 말했다. '어느 곳에 떨어집니까?' 방거사는 손바닥을 한번 쳤다.

전운   거사야부득초초 사운 여임마칭선객 염노자미방여재
全云。 居士也不得草草。士云。汝恁麼稱禪客。閻老子未放汝在。

선승들이 모두 말했다. '거사는 지나친 행동을 하지 마시오.' 거사는 말했다. '그대들이 이 정도의 안목으로 선객이라고 한다면 염라대왕이 용서해주지 않으리라.'

전운   거사작마생 사우정일장 운안견여맹 구설여아
全云。居士作麼生。士又打一掌。云眼見如盲。口說如啞。

설두별운 초문처단악설단변정
雪竇別云 初問處但握雪團便打。

선객들은 말했다. '거사라면 어떻게 하겠습니까?' 거사는 또다시 손바닥을 치며 말했다. '눈은 뜨고 있지만 장님 같고, 입은 벌려도 벙어리 같다.' 설두도 달리 착어했다. '처음 물었을 때 눈을 뭉쳐서 곧바로 쳤어야지.'

43. 동산의 추위가 없는 곳

거   승문동산 한서도래여하회피 산운 하불향무한서처거
舉。僧問洞山。寒暑到來如何迴避。山云。何不向無寒暑處去。
승운 여하시무한서처 산운 한시한살도려 열시열살도려
僧云。如何是無寒暑處。山云。寒時寒殺闍黎。熱時熱殺闍黎。

어떤 스님이 동산화상에게 질문했다. '추위와 더위가 닥치면 어떻게 피해야 합니까.' 동산화상이 말했다. '왜 추위와 더위가 없

는 곳으로 가지 않는가.' 스님이 질문했다. '추위와 더위가 없는 곳이 이디입니까.' 동산화상이 말했다. '추울 때는 그대가 추위와 혼연 일체가 되고, 더울 때는 그대가 더위와 하나가 되도록 하라!'

44. 화산이 북을 친 뜻

거   화산수어운   습학위지문   절학위지린   과차이자   시위진과
舉。 禾山垂語云。 習學謂之聞。 絶學謂之鄰。 過此二者。 是爲眞過。
승출문   여하시진과   산운   해정기   우문   여하시진제
僧出問。 如何是眞過。 山云。 解打鼓。 又問。 如何是眞諦。

화산화상이 수시했다. "글을 배워 얻은 지식을 문(聞)이라 하고 다 배워 더 배울 것이 없음을 인(鄰)이라 한다. 이 두 가지를 초월한 것, 그것을 진과(眞過)라 한다." 한 스님이 "그 진과란 어떤 것입니까."하고 물었다. 화산화상은 "내게 북 솜씨가 있지 – 쿵쿵 쿵더쿵!"이라고 답했다. "그럼 진과도 초월한 성제(聖諦)의 제일의(第一義)란 무엇입니까?"하고 스님이 또 질문했다.

산운   해정기   우문   즉심즉불즉불문   여하시비심비불
山云。 解打鼓。 又問。 卽心卽佛卽不問。 如何是非心非佛。
산운   해정기   우문   상상인래시여하접   산운   해정기
山云。 解打鼓。 又問。 向上人來時如何接。 山云。 解打鼓。

화산화상은 이번에도 "쿵쿵 쿵더쿵!"이라고 말했다. "우리의 이 마음이 곧 불심(佛心)임은 잘 알고 있으니까 그건 그대로 두고, 비심비불은 어떤 겁니까" 하고 또 다시 파고들었다. 화산화상은 그래도 "쿵쿵 쿵더쿵!"이라고 답했다. 단념하지 않고 스님이 "부

처님이나 달마 같은 한층 훌륭한 분이 오신다면 어떻게 맞겠습니까"하고 물었다. 화산화상은 끝까지 "쿵쿵 쿵더쿵!"이라고 말했다.

45. 조주의 만법이 하나로 돌아가는 곳
거　승문조주　만법귀일　일귀하처　주운　아재청주　작일령포형
舉。僧問趙州。萬法歸一。一歸何處。州云。我在青州。作一領布衫。
한 스님이 조주화상에게 물었다. "우주의 모든 것이 하나로 돌아간다고 합니다만, 그럼 그 하나는 어디로 돌아갑니까." 조주스님이 대답했다. "나는 청주에 있을 때 베적삼 하나를 만들었는데"

중칠근
重七斤。
지금 그 무게가 일곱 근 이었다.

46. 경청의 미혹되지 않음
거　경청문승　문외시십마성　승운　우적성　청운　중생전도미기
舉。鏡清問僧。門外是什麼聲。僧云。雨滴聲。清云。眾生顚倒迷己
축물　승운　화상작마생　청운　계불미기　승운　계불미기의지여하
逐物。僧云。和尚作麼生。清云。洎不迷己。僧云。洎不迷己意旨如何。
경청스님이 한 스님에게 "문 밖에서 들리는 게 무슨 소리냐" 하고 물었다. 스님은 "빗방울 소리"라고 답했다. 경청스님이 말했다. "너는 빗방울 소리에 사로잡혀 있구나." 그러자 그 스님이 "스님께서는 저 소리를 뭘로 듣습니까" 하고 되물었다. 경청스님은 "자칫했으면 나도 사로잡힐 뻔했지" 라고 응대했다. "자칫하면 사로잡힐 뻔 하시다니 그건 또 무슨 뜻입니까?" 하고 그 스님이 또 물었다.

청운　출신여하이　탈체도응란
淸云。出身猶可易。脫體道應難。

경청스님이 잘라 말했다. "속박에서 자유로워지기는 그래도 쉽지만, 있는 그대로의 현실을 표현하기란 어려운 법이다."

47. 운문의 온몸으로도 받아들일 수 없는 것

거　승문운문　여하시법신　문운　육불수
擧。僧問雲門。如何是法身。門云。六不收。

어떤 스님이 운문화상에게 질문했다. "법신은 어떤 것입니까?"
운문화상은 말했다. "여섯으로 거두어들일 수 없다."

48. 왕태부가 소매를 떨치고 나가다

거　왕태전입초경전다　시랑상좌여명초파조　랑번각다조
擧。王太傅入招慶煎茶。時朗上座與明招把銚。朗翻卻茶銚。

왕태부가 초경원을 방문하니 마침 스님들이 차를 대접하였다. 그때 혜랑상좌가 명초(明招)와 함께 차를 달이는 주전자를 붙잡고 있다가, 혜랑상좌가 차 주전자를 뒤집어 버렸다.

태전견문상좌　다로하시십마　랑운　봉로신　태전운　기시봉로신
太傅見問上座。茶爐下是什麼。朗云。捧爐神。太傅云。旣是捧爐神。
위십마번각다조　랑운　사관천일실재일조　태전불유변거
爲什麼翻卻茶銚。朗云。仕官千日失在一朝。太傅拂袖便去。

왕태부가 이러한 모습을 보고서 상좌에게 물었다. '차를 끓이는 화로 밑에 무엇이 있소?' 혜랑상좌가 말했다. '화로를 받드는 신이 있지요.' 왕태부가 말했다. '화로를 받드는 신이 왜 차 주전자

를 엎어 버렸소?' 혜랑상좌가 말했다. '오랫동안 벼슬살이 하루 아침에 쫓겨났지요.' 왕태부는 소매를 떨치고 나가 버렸다.

명초운   랑상좌킥각초경반료   각거강외   정야목 매   랑운
明招云。朗上座喫卻招慶飯了。卻去江外。打野[木+埋]。朗云。
화상작마생   초운   비인득기변   설두운   당시단답도다로
和尙作麽生。招云。非人得其便。雪竇云。當時但踏倒茶爐。
명초가 말했다. '혜랑상좌는 초경사의 밥을 얻어먹고 도리어 강 건너편에 가서 사람들과 시끄럽게 소란을 피우는군' 혜랑이 말했다. '화상은 어떠십니까?' 명초가 말했다. '귀신(非人)에게 당했군.' 설두가 말했다. '당시 그 말을 할 때 차 달이는 화로를 뒤엎어 버렸어야지!'

49. 삼성의 그물을 찢고 나간 물고기
거   삼성문설봉   투강금린   미번이하위식   봉운   대여출강래
擧。三聖問雪峰。透網金鱗。未審以何爲食。峰云。待汝出網來。
향여도   성운   일천오백인선지식   화두야불식   봉운   노승주지사번
向汝道。聖云。一千五百人善知識。話頭也不識。峰云。老僧住持事繁。
삼성화상이 설봉화상에게 물었다. "그물을 뚫고 나온 황금빛 물고기는 무엇을 미끼로 해서 잡아야 할까요?" 설봉화상이 말했다. "그대가 그물을 빠져 나오거든 말해주겠다." 삼성화상이 말했다. "1500명의 학인을 지도하는 선지식이 화두(話頭)도 알지 못하고 있군!" 설봉화상이 말했다. "노승은 주지로서 하는 일이 바쁘다."

50. 운문의 티끌 삼매

거 승문운문 여하시진진삼매 운문 발리반통리수
擧。僧問雲門。如何是塵塵三昧。門云。鉢裏飯桶裏水。

어떤 스님이 운문화상에게 질문했다. "무엇이 진진(塵塵) 삼매입니까?" 운문화상이 대답했다. "발우 속에는 밥이 있고, 물통 안에는 물이 있지."

51. 암두의 최후의 한마디

거 설봉주암시 유양승래래배 봉견래 이수타암문 방신출운
擧。雪峰住庵時。有兩僧來禮拜。峰見來。以手托庵門。放身出云。

시십마 승적운 시십마 봉저두귀암
是什麼。僧亦云。是什麼。峰低頭歸庵。

설봉화상이 암자에 있을 때 두 스님이 찾아와서 예배를 하자, 설봉화상은 그들을 보고 손으로 암자의 문을 열고 몸을 내밀면서 말했다. "뭐야!?" 스님도 역시 "뭐야!"라고 말했다. 설봉은 머리를 숙이고 암자로 되돌아갔다.

승후도암두 두문 십마처래 승운 영남래 두운 증도설봉마
僧後到巖頭。頭問。什麼處來。僧云。嶺南來。頭云。曾到雪峰麼。

승운 증도 두운 유하언구 승거전화 두운 타도십마
僧云。曾到。頭云。有何言句。僧擧前話。頭云。他道什麼。

스님은 뒤에 암두화상의 처소에 이르자, 암두화상이 "어디서 오는가?"라고 물었다. 스님은 말했다. "영남에서 왔습니다." 암두화상은 "설봉화상을 찾아 갔었는가"라고 물었다. 스님은 "예. 갔다 왔습니다."라고 대답했다. 암두화상은 물었다. "설봉이 무슨 말을 했는가" 스님은 지난날에 있었던 대화를 말씀드리자, 암두화상이 말했다. "그가 무슨 말을 하더냐"

승운 타무어저두귀암 두운 희아당초회불향 타도말후구 약향윤도
僧云。他無語低頭歸庵。頭云。噫我當初悔不向 他道末後句。若向伊道。
천하인불내설노하 승지하말 재거전화청익 두운 하불조문
天下人不奈雪老何。僧至夏末。再擧前話請益。頭云。何不早問。
스님은 말했다. "설봉화상은 아무 말 없이 머리를 숙이고 암자로 되돌아갔습니다." 암두화상이 말했다. "아아! 내가 처음 그를 만났을 때 그에게 불법의 궁극적인 한 말(末後句)을 말하지 않았던 것이 후회스럽다. 만약 그에게 말후구(末後句)를 일러 주었더라면 천하 사람들이 설봉을 어찌하지 못했을 것이다." 그 스님은 하안거 끝에 전에 있었던 이야기를 다시 들어내어 (암두화상께) 법문을 청했다.

승운 미감용역 두운 설봉수여아동조생 불여아동조사
僧云。未敢容易 頭云。雪峰雖與我同條生。不與我同條死。
암두화상은 말했다. "왜 진작 묻지 않았는가" 스님은 "감히 쉽게 여쭙지 못했습니다."라고 말했다. 암두화상은 말했다. "설봉이 나와 똑같이 한줄기에서 태어났지만(生) 나와 똑같이 죽지(死)는 않는다.

요식말구후 지저시
要識末句後。只這是。
불법의 궁극적인 한 말(末後句)을 알고자 하는가. 단지 이것뿐이다."

52. 조주의 나귀도 건너고 말도 건너는 다리

거   승문조주   구향조주식교   도래지견약적   주운   여지견약적
擧。僧問趙州。久響趙州石橋。到來只見略彴。州云。汝只見略彴。

어떤 스님이 조주화상을 찾아와서 말했다. "조주의 돌다리(石橋)에 대하여 우러러 사모한지 오래 되었는데, 막상 와서 보니 통나무 다리뿐이군요" 조주화상이 말했다.

차불견석교   증운   여하시석교   주운   도려도마
且不見石橋。僧云。如何是石橋。州云。渡驢渡馬。

"그대는 통나무 다리만 보았을 뿐 돌다리는 보지 못했군!" 스님이 질문했다. "어떤 것이 조주의 돌다리 입니까?" 조주화상이 대답했다. "나귀도 건너고 말도 건너지."

53. 백장의 들오리

거   마대사여백장행차   견야압자비과   대사운   시십마   장운   야압자
擧。馬大師與百丈行次。見野鴨子飛過。大師云。是什麼。丈云。野鴨子。

마조대사가 백장스님과 함께 길을 가다가 들오리가 날아가는 모습을 보고, 마조대사가 말했다. '이것이 무엇인가?' 백장스님이 말했다. '들오리입니다.'

대사운   십마처거야   장운   비과거야
大師云。什麼處去也。丈云。飛過去也。
대사추뉴백장비두   장작인통성   대사운   가승비거
大師遂扭百丈鼻頭。丈作忍痛聲。大師云。何曾飛去。

마조대사가 말했다. '어디로 날아갔느냐?' 백장이 말했다. '날아가버렸습니다.' 마조대사는 드디어 백장의 코를 잡고 비틀었다.

백장은 아픔의 고통을 참느라고 신음하였다. 마조대사가 말했다. '뭐야! 날아 가버렸다고'

54. 운문이 두 손을 내젓다

거　운문문승근이심처　승운　서선　문운　서선근일유하언구
舉。雲門問僧近離甚處。僧云。西禪。門云。西禪近日有何言句。
운문 화상이 어떤 스님에게 물었다. "어디에서 왔는가?" 스님이 대답했다. "서선사(西禪寺)에서 왔습니다." 운문 화상이 물었다. "서선사에서는 요즘 어떤 말이 있었는가?"

승전양수　문정일당　승운　모갑화재　문각전양수　승무어　문변정
僧展兩手。門打一掌。僧云。某甲話在。門卻展兩手。僧無語。門便打。
스님은 두 손을 펼쳤다. 운문 화상은 손바닥으로 한방 갈겼다. 스님은 말했다. "나도 할 말이 있습니다." 운문 화상이 곧장 두 손을 펼쳐 보였다. 그 스님은 말이 없었다. 운문 화상은 곧장 내리쳤다.

55. 도오가 말할 수 없다고 하다

거　도오여점원지일가조위　원백관운　생사사사　오운　생야불도
舉。道吾與漸源至一家弔慰。源拍棺云。生邪死邪。吾云。生也不道。
사야불도　원운　위십마불도　오운　불도불도　회지중로　원운
死也不道。源云。爲什麼不道。吾云。不道不道。回至中路。源云。
도오화상이 제자 점원스님과 함께 어느 집에서 조문을 하게 되었다. 점원이 관을 두드리며 말했다. "살았는가? 죽었는가?" 도오화상이 말했다. "살았다고도 말할 수 없고, 죽었다고도 말할 수 없다." 점원이 말했다. "어째서 말할 수 없습니까?" 도오화상이 말했다. "말할 수 없지, 말할 수 없어." 절로 돌아오는 길에 점원이 말했다.

화상쾌여모갑도　약불도　정화상거야　오운　정즉임정　도즉불도
和尚快與某甲道。若不道。打和尚太也。吾云。打卽任打。道卽不道。
원변정　후도오천화　원도석상거사전화　상운　생야불도　사야불도
源便打。後道吾遷化。源到石霜擧似前話。霜云。生也不道。死也不道。
원운　위십마불도　상운　불도불도　원어언하유성
源云。爲什麼不道。霜云。不道不道。源於言下有省。

"화상은 저를 위해서 어서 말하세요. 말하지 않으면 화상을 때리
겠습니다." 도오화상이 말했다. "때릴려면 때려라! 그러나 말할
수 없다." 점원은 곧장 후려 쳤다. 그 뒤에 도오화상이 입적하자
점원은 석상화상께 가서 이 이야기를 했다. 석상화상은 말했다.
"살았다고도 말할 수 없고, 죽었다고도 말할 수 없다." 점원이
말했다. "어째서 말할 수 없습니까?" 석상화상이 말했다. "말할
수 없지, 말할 수 없어." 점원은 그 말을 듣고 곧장 깨달았다.

원일일장초자　어법당상　종동과서　종서과동　상운　작십마
源一日將鍬子。於法堂上。從東過西。從西過東。霜云。作什麼。
원운　멱선사영골　상운　홍파호묘백랑도천　멱십마선사영골
源云。覓先師靈骨。霜云。洪波浩渺白浪滔天。覓什麼先師靈骨。
원운　정호저력
源云。正好著力。

점원은 어느 날 삽을 들고 법당 안에서 동쪽에서 서쪽으로, 서쪽
에서 동쪽으로 오고가자, 석상화상이 말했다. "무엇하는가?" 점원
은 말했다. "스승(先師)의 영골(靈骨)을 찾습니다." 석상화상이 말
했다. "거대하게 밀려오는 파도가 까마득히 하늘까지 넘실거리는데,
무슨 스승의 영골을 찾겠다는 것인가?" 설두가 착어했다. "아이
고! 아이고!"점원이 말했다. "온 힘을 다해서 부딪쳐 봅니다."

태원부운   선사영골유재

太原孚云。先師靈骨猶在。

태원의 부상좌가 말했다. "스승의 영골이 아직 남아 있네."

56. 흠산의 화살 하나로 세 개의 관문을 뚫음

거   랑선객문흠산   일촉파삼관시여하   산운   방출관중주자

擧。良禪客問欽山。一鏃破三關時如何。山云。放出關中主看。

랑운   임마즉지과필개   산운   갱대하시   랑운   호전방불착소재변출

良云。恁麼則知過必改。山云。更待何時。良云。好箭放不著所在便出。

거양(巨良)선객이 흠산(欽山)화상에게 질문했다. "하나의 화살촉으로 세 관문을 돌파했을 때는 어떻습니까?" 흠산화상이 말했다. "관문속의 주인을 들어내 보여라!" 거양이 말했다. "그러한즉 허물을 알면 반드시 고쳐야지요." 흠산화상이 말했다. "다시 어느 시기를 기다리는가? 당장 고쳐야지!" 거양이 말했다. "화살은 잘 쏘았는데, 잘 맞지는 않았군요."라고 말하고 곧장 밖으로 나갔다.

산운   차래도려   랑회수   산파주운   일촉파삼관즉차지

山云。且來闍黎。良回首。山把住云。一鏃破三關卽且止。

식여흠산발전간   양의의   산정칠봉운   차청저한의삼십년

試與欽山發箭看。良擬議。山打七棒云。且聽這漢疑三十年。

흠산화상이 말했다. "잠깐 보세, 화상!" 거양이 머리를 돌리자 흠산화상은 먹살을 붙잡고 말했다. "하나의 화살촉으로 세 관문을 돌파하는 일은 그만두고 흠산에게 화살을 쏘아 봐라!" 거양이 무슨 말을 하려고 망설이자, 흠산화상이 일곱 방망이를 치면서 말했다. "이 놈은 앞으로 30년 더 헤매야 정신을 차리겠군!"

57. 조주가 이 촌놈아! 하고 혼내주다

거 승문조주 지도무난유험간택 어하시불간택 주운 천상천하
舉。僧問趙州。至道無難唯嫌揀擇。如何是不揀擇。州云。天上天下
유아독존 승운 차유시간택 주운 전고노 십마처시간택 승무어
唯我獨尊。僧云。此猶是揀擇。州云。田厙奴。什麼處是揀擇。僧無語。

**어떤 스님이 조주화상에게 질문했다. "'지극한 도는 어려움이 없
다. 오직 간택하지 않으면 된다.' 라고 했는데, 어떻게 하는 것이
간택하지 않는 것입니까?" 조주화상이 말했다. "천상에나 천하에
오직 내가 홀로 존귀한 존재이다." 스님이 말했다. "이 말 역시
간택입니다." 조주화상이 말했다. "이 멍청한 놈아! 어느 곳이
간택이란 말이냐!" 그 스님은 말을 하지 못했다.**

58. 조주가 뭐라고 할지 모르겠다고 말하다

거 승문조주 지도무난유험간택 시시인과굴부
舉。僧問趙州。至道無難唯嫌揀擇。是時人窠窟否。
주운 증유인문아 직득오년분소불하
州云。曾有人問我。直得五年分疏不下。

**어떤 스님이 조주화상에게 질문했다. "'지극한 도는 어려움이 없
다. 오직 간택하지 않으면 된다.' 라고 했는데, 요즘 사람(時人)
은 이 말에 집착하여 함정에 빠진 것 아닙니까?" 조주화상이 대
답했다. "전에도 어떤 사람이 나한테 이와 똑같은 질문을 했었는
데, 5년이 지났지만 아직 어떻다고 분명히 설명할 수가 없네."**

59. 조주가 그렇다 다만 지도무난이라고 말하다

거 승문조주 지도무난 유험간택 재유어언시간택 화상여하유인
舉。僧問趙州。至道無難。唯嫌揀擇。纔有語言是揀擇。和尚如何爲人。

어떤 스님이 조주화상에게 질문했다. "'지극한 도는 어려움이 전혀 없다. 단지 간택하는 마음이 없으면 된다.'라고 하였지만, 겨우 말을 하기만 하면 곧 간택인데, 화상께서는 어떻게 사람들을 지도하시겠습니까."

주운　하불인진저어　승운　모갑지염도저리
州云。何不引盡這語。僧云。某甲只念到這裏。
조주화상이 대답했다. "그대는 왜 이 말을 다 인용하지 않는가."
스님이 말했다. "저는 단지 여기까지 외우고 있기 때문입니다."

주운　지저지도무난유혐간택
州云。只這至道無難唯嫌揀擇。
조주화상이 말했다. "지극한 도는 어려움이 전혀 없다. 단지 간택하는 마음이 없으면 된다."

60. 운문이 주장자를 내밀어 용으로 만들다
유　운문이주장시중운　주장자화위룡　함각건곤료야
舉。雲門以拄杖示眾云。拄杖子化爲龍。吞卻乾坤了也。
산하대지심처득래
山河大地甚處得來。
운문화상이 주장자를 들고 대중에게 설법하였다. "이 주장자가 변화하여 용이 되어 천하를 삼켜버렸으니, 산과 강 대지는 어디에 있는가?"

61. 풍혈의 티끌로 나라를 세우기

거 풍혈수이운 약입일진 기국여성 불입일진 기국상망
擧。風穴垂語云。若立一塵。家國興盛。不立一塵。家國喪亡。
설두염주장운 환유동생동사저납승마
雪竇拈拄杖云。還有同生同死底衲僧麼。

"풍혈화상이 대중에게 법문을 제시하였다. '만약 한 티끌을 세우면 나라가 흥성하고, 한 티끌을 세우지 않으면 나라가 멸망한다.' 설두화상이 주장자를 들고서 말했다. '함께 생사(生死)를 함께 할 납승이 있는가?'"

62. 운문의 보물 한 가지

거 운문시중운 건곤지내 우주지간 중유일보 비재형산
擧。雲門示衆云。乾坤之內。宇宙之間。中有一寶。祕在形山。
염등롱향불전리 장삼문래등롱상
拈燈籠向佛殿裏。將三門來燈籠上。

운문화상이 대중에게 설법하였다. "하늘과 땅 사이, 우주 가운데 하나의 보물이 있으니, 형산(形山)에 감추어져 있다. 등불(燈籠)을 들고서 불전(佛殿)을 향해 가고, 삼문(三門)을 들어서 등불(燈籠)위로 올려놓았다."

63. 남전이 고양이 목을 베다

거 남천일일동서양당쟁묘아 남천견추제기운
擧。南泉一日東西兩堂爭貓兒。南泉見遂提起云。
도득즉불참 중무대 천참묘아위양단
道得卽不斬。衆無對。泉斬貓兒爲兩段。

남전화상은 고양이를 잡아들고서 말했다. "말할 수 있으면 고양

이를 참살하지 않겠다." 대중들은 말이 없었다. 남전화상은 고양이를 두 동강이로 절단해 버렸다.

64. 조주가 머리에 신발을 이고 나가다

거 남천득거전화 문조주 주변탈초혜 어두상대출
舉。南泉復舉前話。問趙州。州便脫草鞋。於頭上戴出。
남천운 자약재 흡구득묘아
南泉云。子若在。恰救得貓兒。

남전화상은 다시 앞에 있었던 사건(고양 살해함)**을 조주선사에게 이야기 한 뒤에 조주선사에게 묻자, 조주선사는 곧장 짚신을 벗어 머리 위에 이고 문 밖으로 나가 버렸다. 남전화상은 말했다. "그대가 그 때 있었더라면 고양이를 살릴 수 있었을 텐데…"**

65. 외도가 부처님께 묻다

거 외도문불 불문유언 불문무언 세존양구
舉。外道問佛。不問有言。不問無言。世尊良久。

어떤 외도(外道)**가 부처님에게 질문했다. "말로 대답하는 것**(有言)**도 묻지 않고, 말없이 침묵으로 대답하는 것**(無言)**도 묻지 않습니다.**(말과 침묵을 여읜 경지에서 불법의 진수를 설해 주십시오.)**" 세존이 말없이 계셨다.**

외도찬환운 세존대자대비 개아미운 령아득입 외도거후아란문불
外道讚歎云。世尊大慈大悲。開我迷雲。令我得入。外道去後阿難問佛。
외도유하소증 이언득입 불운 여세양마견편영이행
外道有何所證。而言得入。佛云。如世良馬見鞭影而行

외도는 찬탄하며 말했다. "세존께서 대자대비로 저의 미혹한 구

름을 열어 주시고 저를 깨달음을 체득하게 하셨습니다." 외도가 떠난 뒤에 아난이 부처님에게 여쭈었디. "외도는 무엇을 증득했기에 깨달음을 체득했다고 합니까?" 부처님은 말씀했다. "훌륭한 말은 채찍 그림자만 보아도 달리는 것과 같다."

66. 암두가 황소의 난 때 주운 칼에 대해 묻다

거 암두문승십마처래 승운 서경래 두운 황소과후 환수득검마
擧。巖頭問僧什麼處來。僧云。西京來。頭云。黃巢過後。還收得劍麼。
승운 수득 암두인경근전운 구 력 승운 사두락야
僧云。收得。巖頭引頸近前云。[口+力]。僧云。師頭落也。
"암두화상이 스님에게 물었다. '어디서 왔는가?' 스님이 대답했다. '장안(西京)에서 왔습니다.' 암두화상이 물었다. '황소(黃巢)의 난이 지난 뒤에 칼을 입수했는가?' 스님이 대답했다. '입수했습니다.' 암두화상이 목을 그 스님 앞으로 쑥 내밀며 칵! 하고 소리쳤다. 스님은 말했다. '화상의 머리가 떨어졌습니다.'

암두하하대소 승후도설봉 봉문 십마처래 승운 암두래
巖頭呵呵大笑。僧後到雪峰。峰問。什麼處來。僧云。巖頭來。
봉운 유하언구 승거전화 설봉정삼십봉간출
峰云。有何言句。僧擧前話。雪峰打三十棒趕出。
암두화상은 하하! 하고 크게 웃었다. 그 스님이 뒤에 설봉화상의 처소에 이르자, 설봉화상이 물었다. '어디서 왔는가?' 스님이 대답했다. '암두에서 왔습니다.' 설봉화상이 말했다. '암두화상은 무슨 말을 하시던가?' 스님이 앞의 이야기를 제시하자, 설봉화상은 30방망이를 쳐서 쫓아내 버렸다."

67. 부대사가 양무제에게 경을 강하다

거 양무제청전대사강금강경 대사변어좌상 휘안일하 변하좌
舉。梁武帝請傅大士講金剛經。大士便於座上。揮案一下。便下座。
무제악연 지공문 폐하환회마 제운 불회 지공운 대사강경경
武帝愕然。誌公問。陛下還會麼。帝云。不會。誌公云。大士講經竟。

**양무제가 부대사(傅大士)를 초청하여 금강경을 강의하도록 하였
다. 부대사는 법상에 올라서 경상을 한번 후려치고는 곧바로 법상
에서 내려 왔다. 양무제는 깜짝 놀랐다. 지공화상이 양무제에게
질문했다. "폐하께서는 아시겠습니까?" 무제는 말했다. "잘 모르
겠습니다." 지공화상이 말했다. "부대사의 강의는 끝났습니다."**

68. 앙산이 그대의 이름을 묻다

거 앙산문삼성 여명십마 성운 혜적 앙산운 혜적시아
舉。仰山問三聖。汝名什麼。聖云。惠寂。仰山云。惠寂是我。
성운 아명혜연 앙산하하대소
聖云。我名惠然。仰山呵呵大笑。

**앙산화상이 삼성스님에게 물었다. "그대의 이름은 무엇인가?" 삼
성스님이 말했다. "혜적(慧寂)입니다." 앙산화상이 말했다. "혜적
은 바로 내 이름인데." 삼성스님이 말했다. "내 이름은 혜연(慧
然)입니다." 앙산화상이 껄껄대며 크게 웃었다.**

69. 남전이 동그라미를 그리다

거 남천귀종마곡 동거례배충국사 지중로 남천어지상
舉。南泉歸宗麻谷。同去禮拜忠國師。至中路。南泉於地上。
서일원상운 도득즉거 귀종어원상중좌
畫一圓相云。道得卽去。歸宗於圓相中坐。

남전, 귀종, 마곡화상이 함께 혜충국사를 예방하러 가는 도중에 남진화상이 땅에 하나의 원상(圓相)을 그려놓고 말했다. '(불법의 대의를 체득한 안목으로) 한마디를 올바르게 말하면 가겠다.' 귀종화상이 그 일원상 가운데 앉았다.

마곡변작여인배   천운   임마즉불거야   귀종운   시십마심행
麻谷便作女人拜。泉云。恁麼則不去也。歸宗云。是什麼心行。
마곡화상은 여인이 절하며 인사를 하는 시늉을 하였다. 남전화상이 말했다. '이러한 즉 가지 않겠다.' 귀종화상이 말했다. '이 무슨 수작인가?'

70. 백장이 목구멍과 입술을 닫고 말하라고 하다
거   위산오봉운암   동대입백장   백장문위산   병각인후순물
擧。潙山五峰雲巖。同侍立百丈。百丈問潙山。倂卻咽喉唇吻。
위산(山)과 오봉(五峯), 운암이 함께 백장화상을 모시고 서 있었다. 백장화상은 위산스님에게 물었다. "목구멍과 입을 닫아버리고

손작마생도   위산운   각청화상도   장운   아불사향여도   공이후상아아
孫作麼生道。潙山云。卻請和尙道。丈云。我不辭向汝道。恐已後喪我兒
어떻게 말할 수 있는가?" 위산스님이 말했다. "화상께서 말씀해 보십시오." 백장화상이 말했다. "내가 사양치 않고 그대에게 말해주고 싶지만 훗날 나의 자손을 잃어버릴까 염려스럽다."

71. 백장이 오봉에게 묻다

거   백장복문오봉   병각인후순물   작마생도
舉。百丈復問五峰。併卻咽喉唇吻。作麼生道。
봉운   화상야수병각   장운   무인처작액망여
峰云。和尚也須併卻。丈云。無人處斫額望汝。

백장화상이 다시 오봉스님에게 물었다. '목구멍과 입술을 막고 어떻게 말하겠는가?' 오봉스님이 말했다. '화상도 역시 목구멍과 입을 닫도록 하세요!' 백장화상이 말했다. '사람이 없는 곳에서 이마에 손을 대고 그대를 바라보겠노라.'

72. 운암이 백장에게 아직도 있냐고 묻다

거   백장우문운암   병각인후순물   작마생도
舉。百丈又問雲巖。併卻咽喉唇吻。作麼生道。
암운   화상유야미   장운   상아아손
巖云。和尚有也未。丈云。喪我兒孫。

백장화상이 또다시 운암스님에게 물었다. "그대는 목구멍과 입술을 닫고 어떻게 말하겠는가?" 운암스님이 말했다. "화상께서는 그렇게 할 수 있습니까?" 백장화상이 말했다. "나의 자손을 잃어버렸군!"

73. 마조의 사구백비를 떠난 자리

거   승문마대사   리사구절백비   청사직지모갑서래의
舉。僧問馬大師。離四句絕百非。請師直指某甲西來意。
마사운   암금일노권   불능위여설   문취지장거   승문지잘
馬師云。我今日勞倦。不能爲汝說。問取智藏去。僧問智藏。

장운　하불문화상　승운　화상교래문
藏云。何不問和尙。僧云。和尙敎來問。

어떤 스님이 마조화상에게 질문했다. "사구(四句)를 여의고, 백비(百非)를 떠나서 화상께서는 저에게 조사가 서쪽에서 오신 뜻을 곧바로 가르쳐 주십시오." 마조화상은 말했다. "나는 오늘 피곤해서 그대에게 말할 수 없으니, 지장(智藏)에게 물어 보게나!" 그 스님이 지장스님에게 질문하니, 지장은 말했다. "왜 마조화상께 묻지 않는가?" 스님은 "화상께서 스님께 물어보라고 했습니다." 지장이 말했다.

장운　아금일두통　불능위여설　문취해아거　승문해아
藏云。我今日頭痛。不能爲汝說。問取海兄去。僧問海兄。
해운　아도저리각불회　승거사마대사　마사운　장두백해두흑
海云。我到這裏卻不會。僧擧似馬大師。馬師云。藏頭白海頭黑。

"나는 오늘 머리가 아파서 그대에게 말할 수 없으니, 회해(懷海) 사형에게 묻도록 하게!" 스님은 회해스님께 묻자, 회해스님은 "나는 그 일을 전혀 알지 못한다."라고 대답했다. 스님이 이러한 전후 이야기를 마조화상께 말하자, 마조화상은 "지장의 머리는 희고, 회해의 머리는 검다."라고 말했다.

74. 금우가 밥통을 들고 춤을 추다

거　금우화상매지재시　자장반통　어승당전작무　하하대소운
擧。金牛和尙每至齋時。自將飯桶。於僧堂前作舞。呵呵大笑云。
보살자끽반래　설두운　수연여차　금우불시호심　승문장경
菩薩子喫飯來。雪竇云。雖然如此。金牛不是好心。僧問長慶。

"'옛 사람이 보살들이여! 공양하러 오시오.'라고 말한 의미는 무엇입니까?" 장경스님이 말했다. '마치 점심 공양을 받고 축하하고 찬양하는 법요식을 거행하는 것과 같네."

고인도 보리자끽반래 의지여하 경운 대사인재경찬
古人道。菩薩子喫飯來。意旨如何。慶云。大似因齋慶讚。
금우화상은 언제나 점심 공양시간이 되면 몸소 밥통을 들고 승당 앞에서 춤을 추면서 껄껄 웃으며 말했다. "보살들이여! 공양하러 오시오." 설두스님이 말했다. "비록 이와 같이 하였지만 금우화상은 호의로 한 것이 아니다." 어떤 스님이 장경스님에게 질문했다.

75. 오구가 되게 얻어 맞다
거 승종정주화상회리 래도오구 오구문 정주법도하사저리
舉。僧從定州和尚會裏。來到烏臼。烏臼問。定州法道何似這裏。
승운 불별 구운 약불별갱전피중거 변정 승운 본두유안
僧云。不別。臼云。若不別更轉彼中去。便打。僧云。棒頭有眼。
부득초초정인 구운 금일정착일개야 우정삼하
不得草草打人。臼云。今日打著一箇也。又打三下。
오구화상이 말했다. "억울한 방망이를 얻어맞은 사람이 있었구나!" 스님은 몸을 돌리며 말했다. "국자 자루를 화상이 쥐고 있는데, 어떡합니까?" 오구화상이 말했다. "그대가 필요하다면 그대에게 빌려주겠다." 스님은 앞으로 나아가 오구화상의 주장자를 빼앗아 세 차례나 치니,

승변출거 구운 계봉원래유인끽재 승전신운 쟁내표병
僧便出去。臼云。屈棒元來有人喫在。僧轉身云。爭奈杓柄。

재화상수리   구운 여약요산승회여여   승근전탈구수중봉 정구삼하
在和尙手裏。曰云。汝若要山僧回與汝。僧近前奪曰手中棒。打曰二卜。
오구화상이 말했다. "억울한 방망이야, 억울한 방망이!" 스님은
말했다. "어떤 사람이 방망이를 맞습니까?" 오구화상이 말했다.
"함부로 방망이를 휘두르는 놈이군!" 스님은 곧 예배를 올렸다.
오구화상이 말했다. "화상! 이렇게 하는 것이야!" 스님이 큰 소
리로 웃으며 나갔다. 오구화상이 말했다. "이렇게 할 수 있다니,
이렇게 할 수 있다니."

구운   굴봉굴봉   승운   유인끽재   구운   초초정착개한   승변례배
曰云。屈棒屈棒。僧云。有人喫在。曰云。草草打著箇漢。僧便禮拜。
구운   화상각임마거야   승대소이출   구운   소득임마   소득임마
曰云。和尙卻恁麽去也。僧大笑而出。曰云。消得恁麽。消得恁麽。
어떤 스님이 정주화상의 문하에서 수행한 뒤에 오구화상을 참문
하자, 오구화상이 물었다. "정주화상의 선법은 이곳의 선법과 어
떤 차이가 있는가?" 스님은 대답했다. "다르지 않습니다." 오구
화상은 "만약 다르지 않다면 다시 거기로 가라!"하면서 주장자로
곧장 후려쳤다. 스님은 말했다. "방망이에 눈이 있습니다. 함부
로 사람을 후려치면 안 됩니다." 오구화상이 말했다. "오늘은 한
사람(一箇)을 친다." 하면서 또 세 번이나 후려쳤다. 스님은 곧
장 승당 밖으로 나갔다.

76. 단하가 밥은 먹었느냐고 묻다
거   단하문승   심처래   승운   산하래   하운   끽반료야미
擧。丹霞問僧。甚處來。僧云。山下來。霞云。喫飯了也未。

승운   끽반료   하운   장반래여여끽저인   환구안마   승무어
僧云。喫飯了。霞云。將飯來與汝喫底人。還具眼麼。僧無語。
단하화상이 어떤 스님에게 물었다. "어디서 왔는가?" 스님은 대답했다. "산 밑에서 왔습니다." 단하화상이 말했다. "밥은 먹었는가?" 스님이 대답했다. "밥은 먹었습니다." 단화화상이 말했다. "그대에게 밥을 먹도록 한 사람은 안목을 갖추었는가?" 스님은 대답을 하지 못했다.

장경문보복   장반여인끽   보은유분   위십마불구안   복운
長慶問保福。將飯與人喫。報恩有分。爲什麼不具眼。福云。
시자수자이구할한   장경운   진기기래   환성할부   복운   도아할득마
施者受者二俱瞎漢。長慶云。盡其機來。還成瞎否。福云。道我瞎得麼。
장경선사가 보복선사에게 물었다. "밥을 먹도록 한 것은 부처님의 은혜를 갚을 자격이 있는데, 무엇 때문에 안목을 갖추지 못했다고 했을까?" 보복선사가 말했다. "주는 사람이나 받는 사람이나 두 사람 모두 눈먼 놈이다." 장경선사가 말했다. "본분의 선기를 다했다면 눈먼 사람이라 할 수 있을까?" 보복선사가 말했다. "나를 눈먼 사람이라고 말할 수 있는가?"

77. 운문이 호떡이라고 대답하다
거   승문운문   여하시초불월조지담   문운   호병
擧。僧問雲門。如何是超佛越祖之談。門云。餬餅。
어떤 스님이 운문화상에게 질문했다. "어떤 것이 부처를 초월하고 조사를 초월하는 말씀입니까?" 운문화상이 대답했다. "호떡이다."

78. 16명의 보살이 물의 성질을 깨닫다

거   고유십육개사   어욕승시수례입욕   홀오수인
舉。古有十六開士。於浴僧時隨例入浴。忽悟水因。
제선덕작마생회   타도묘촉선명   성불자주   야수칠천팔혈시득
諸禪德作麼生會。他道妙觸宣明。成佛子住。也須七穿八穴始得。

옛날에 16명의 보살이 있었는데, 스님들을 목욕시킬 때 평상시처럼 욕실에 들어갔다가 문득 물의 인연(본질)을 깨달았다. 여러 선덕들이여! 저네들이 미묘한 감촉 또렷이 빛나며, 부처님의 아들이 되었네 라고 말했는데, 이것을 어떻게 체득해야 하는가? 반드시 종횡으로 자유자재해야만 비로소 그와 같이 할 수 있다.

79. 투자가 일체는 부처의 목소리라고 말하다

거   승문투자   일체성시불성시부   투자운   시   승운
舉。僧問投子。一切聲是佛聲是否。投子云。是。僧云。
화상막 호 시   불완명성   투자변정
和尚莫[尸+豕]沸碗鳴聲。投子便打。

어떤 스님이 투자화상에게 질문했다. "일체의 모든 소리가 부처의 소리라고 하는데, 정말 그렇습니까?" 투자화상이 말했다. "그렇지." 그 스님이 말했다. "화상께서는 주전자에 물이 끓는 소리와 같은 말은 하지 말아 주십시오." 투자화상이 곧장 후려쳤다.

우문   추언급세어개귀제일의   시부   투자운   시
又問。麤言及細語皆歸第一義。是否。投子云。是。
승운   환화상작일두로득마   투자변정
僧云。喚和尚作一頭驢得麼。投子便打。

그 스님은 또다시 질문했다. "난폭한 말이나 부드러운 말이 모두 불법의 근본진리로 귀결한다고 하는데 정말 그렇습니까?" 투자화상이 말했다. "그렇지." 스님이 말했다. "화상을 말뚝에 메여있는 당나귀라고 불러도 괜찮겠습니까?" 투자화상이 곧장 후려쳤다.

80. 조주가 갓 태어난 아이에 대해 설명하다

거 승문조주 초생해자 환구육식야무 조주운 급수상정구자
舉。僧問趙州。初生孩子。還具六識也無。趙州云。急水上打毬子。
승복문투자 급수상정구자 의지여하 자운 염염불정류
僧復問投子。急水上打毬子。意旨如何。子云。念念不停流。
어떤 스님이 조주화상에게 질문했다. "갓 태어난 어린애도 안, 이, 비, 설, 신, 의, 육식을 갖추고 있습니까?" 조주화상이 말했다. "쏜살같이 흐르는 강물 위에 공을 치는 것과 같다." 그 스님은 다시 투자화상에게 질문했다. "쏜살같이 급히 흐르는 강물 위에 공을 친다는 뜻은 무엇입니까?" 투자화상이 말했다. "한 생각 한 생각이 한순간도 흐름이 멈추지 않는다."

81. 약산의 고라니 쏘아 맞추는 법

거 승문약산 평전천초진려성군 여하사득려중진
舉。僧問藥山。平田淺草塵鹿成群。如何射得塵中塵。
산운 간전 승방신변도 산운 시자타출저사한 승변주
山云。看箭。僧放身便倒。山云。侍者拖出這死漢。僧便走。
어떤 스님이 약산화상에게 질문했다. "넓게 펼쳐진 초원에 큰 사슴과 많은 사슴들이 무리를 이루고 있는데, 어떻게 하면 큰 사슴 가운데 큰 사슴을 화살로 쏘아 맞출 수가 있습니까?" 약산화상이 말했다. "이 화살을 잘 봐라!" 그 스님이 벌떡 자빠지며 거꾸

러지자, 약산화상이 말했다. "시자야! 이 죽은 놈을 끌어내라!"
그 스님이 곧장 도망치자

산운 롱니단한유십마한 설두염운 삼보수활오보수사
山云。弄泥團漢有什麼限。雪竇拈云。三步雖活五步須死。
약산화상이 말했다. "흙덩어리나 갖고 노는 놈! 이런 바보같은
놈들을 아무리 상대해도 끝장이 없다니까!" 설두화상이 이 이야
기를 제시하여 말했다. "세 걸음까지는 살아 있다고 해도 다섯
걸음 가면 반드시 죽을 것이다."

82. 대룡이 설명한 견고한 법신
거 승문대룡 색신패괴 여하시견고법신
舉。僧問大龍。色身敗壞。如何是堅固法身。
어떤 스님이 대용(大龍)화상에게 질문했다. "색신(色身)은 부서지
고 파괴되는데, 견고한 법신(法身)은 어떠한 것입니까?"

용운 산화개사금 간수심여람
龍云。山花開似錦。澗水湛如藍。
대용화상이 말했다. "산에 핀 꽃은 비단결 같고, 시냇물은 쪽빛
처럼 맑다."

83. 운문이 옛 부처와 기둥이 사이좋게 지낸다고 말하다
거 운문시중운 고불여로주상교 시제기기
舉。雲門示衆云。古佛與露柱相交。是第幾機。
자대운 남산기운북산하우
自代云。南山起雲北山下雨。

운문화상이 법당에서 대중들에게 설법을 했다. "고불과 기둥이 사이좋게 교제하는데, 이것은 어떤 단계의 마음작용(機)인가?" 운문화상 스스로 대답했다. "남산에 구름이 일어나니, 북산에 비가 내린다."

84. 유마거사의 불이문

거　유마힐문문수사리　하등시보살입불이법문　문수왈　여아의자
擧。維摩詰問文殊師利。何等是菩薩入不二法門。文殊曰。如我意者。
어일체법　무언무설　무시무식　이제문답　시위입불이법문
於一切法。無言無說。無示無識。離諸問答。是爲入不二法門。
유마힐이 문수사리에게 질문했다. "보살이 둘이 아닌 불이법문 (不二法門)을 깨닫는 것은 어떤 경지인가?" 문수가 말했다. "내 생각으로는 일체의 법에 관하여 말할 수도 없고, 설할 수도 없고, 제시할 수도 없고, 알게 할 수도 없으며, 일체의 질문과 대답을 여읜 그것이 불이법문을 깨닫는 것입니다."

어시문수사리문유마힐　아등각자설이　인자당설　하등시보살
於是文殊師利問維摩詰。我等各自說已。仁者當說。何等是菩薩
입불이법문　설두운　유마힐십마　복운　감파료야
入不二法門。雪竇云。維摩道什麼。復云。勘破了也。
이에 문수사리보살이 유마힐 거사에게 물었다. "우리들은 각자의 설명을 마쳤습니다. 거사께서 말씀해 보십시오. 불이법문을 깨닫는 것은 어떤 것입니까?" 설두화상이 말했다. "유마거사가 무슨 말을 했는가!" 설두화상은 다시 말했다. "완전히 파악(勘破)해 버렸다."

85. 동봉 암주가 범의 소리를 내다

거 승도동봉암주처변문   저리홀봉대충시   우작마생
擧。僧到桐峰庵主處便問。這裏忽逢大蟲時。又作麼生。

암주변작호성   승변작백세
庵主便作虎聲。僧便作怕勢。

**어떤 스님이 동봉화상이 살고 있는 암자에 이르러, 동봉화상께
질문했다. "여기서 갑자기 호랑이를 만났을 때 어떻게 하시겠습
니까?" 동봉화상이 갑자기 호랑이가 으르렁거리는 소리를 내자,
그 스님은 곧장 겁먹은 시늉을 하였다.**

암주하하대소   승운   저노패   암주운   쟁내노승하
庵主呵呵大笑。僧云。這老賊。庵主云。爭奈老僧何。

승휴거   설두운   시즉시양개악적   지해엄이투령
僧休去。雪竇云。是則是兩箇惡賊。只解掩耳偸鈴。

**동봉화상이 껄껄대며 크게 웃자, 그 스님은"이 도적놈아!"라고 말
했다. 동봉화상은 말했다. "그대는 노승을 어떻게 하겠느냐?" 그
스님은 그만 두었다. 설두화상이 말했다. "옳기는 옳다만, 어리
석은 도둑놈처럼, 자신의 귀를 막고 방울을 훔칠 줄만 아는구나!"**

86. 운문이 부엌과 삼문이라고 대답하다

거 운문수어운   인인진유광명재   간시불견암혼혼
擧。雲門垂語云。人人盡有光明在。看時不見暗昏昏。

작마생시제인광명   자대운   주고삼문   운운   호사불여무
作麼生是諸人光明。自代云。廚庫三門。又云。好事不如無。

**"운문화상이 대중에게 법문을 하였다. "사람마다 모두가 광명을
가지고 있다. 이를 보려고 하면 보이지 않고 어둡고 깜깜하다.**

어떤 것이 여러 사람들의 광명인가?" 스스로 대중들을 대신하여 말했다. "부엌의 삼문이다." 또 거듭 말했다. "좋은 일도 없었던 것만 못하다."

87. 운문이 약과 병이 서로 치료한다고 말하다

거　운문시중운　약병상치　진대지시약　나개시자기
擧。雲門示衆云。藥病相治。盡大地是藥。那箇是自己。

운문화상이 대중에게 법문을 설했다. "약과 병이 서로 치료한다. 온 대지가 약이다. 무엇이 자기인가?"

88. 현사가 세 가지 병에 관해 말하다

거　현묘시중운　제방노숙　진도접물이생　홀우삼종병인래
擧。玄沙示衆云。諸方老宿。盡道接物利生。忽遇三種病人來。

현사화상이 대중들에게 법문을 하였다. "제방 총림의 노스님들이 여러 중생들을 제접하고 중생들을 이롭게 하는 법문을 한다고 하지만, 갑자기 귀머거리, 봉사, 벙어리가 찾아왔을 때는

작마생접　환맹자　염추수불　어언삼매　타우불견　환성자
作麼生接。患盲者。拈鎚豎拂。語言三昧。他又不見。患聾者。
타우불문　환아자교이설　우설불득　차작마생접　약접차인불득
他又不聞。患啞者教伊說。又說不得。且作麼生接。若接此人不得。

어떻게 지도해야 할까? 눈먼 봉사에게 망치방망이를 들고, 불자를 들어 보여도 그는 볼 수 없다. 귀머거리는 일체의 언어로 설법해도 들을 수가 없다. 벙어리는 말을 하도록 시켜도 말을 하지 못한다. 보고 듣고 보지 못하는 세 가지 병을 가진 사람을 어떻게 제접해야 할까? 만약 이를 제접하지 못한다면

불법무영험 승청익운문 운문운 여례배자 승례배기
佛法無靈驗。僧請益雲門。雲門云。汝禮拜著。僧禮拜起。
불법은 영험이 없는 것이다." 어떤 스님이 운문선사에게 이 공안을 제시하고 법문을 청하자, 운문선사는 "그대는 절을 하라!"라고 했다. 스님이 절을 하고 일어나자,

운문이주장질 승퇴후 운문 여불시환맹 복환근전래 승근전
雲門以拄杖挃。僧退後。門云。汝不是患盲。復喚近前來。僧近前
환회마 승운 불회 문운 여불시환아 승어차유성
還會麼。僧云。不會。門云。汝不是患啞。僧於此有省。
운문선사는 그를 주장자로 밀쳐버렸다. 스님이 뒷걸음치자, 운문선사가 말했다. "그대는 눈이 멀지는 않았군!" 다시 그를 불러 가까이 오라하여 스님이 다가오자, 운문선사가 말했다. "귀머거리는 아니군!"

문운 여불시환롱 문내운
門云。汝不是患聾。門乃云。
운문선사가 "알았는가?"라고 했다. 스님은 "모르겠습니다."라고 대답하니, "그대는 벙어리는 아니군!"이라고 말하자 그 스님은 이 말에 깨달았다.

89. 운암이 관음의 천수안에 대해 묻다
거 운암문도오 대비보살 용허다수안작십마
舉。雲巖問道吾。大悲菩薩。用許多手眼作什麼。
오운 여인야반배수모침자 암운 아회야 오운 여작마생회
吾云。如人夜半背手摸枕子。巖云。我會也。吾云。汝作麼生會。

운암화상이 도오화상에게 물었다. "대비보살이 수많은 손과 눈을 가지고 어떻게 하나요?" 도오화상이 말했다. "마치 어떤 사람이 밤중에 손으로 목침을 더듬는 것과 같다." 운암이 말했다. "나는 알았소." 도오화상이 말했다. "그대는 어떻게 알았다는 것인가?"

암운　변신시수안　오운　도즉태살도　지도득팔성
巖云。遍身是手眼。吾云。道卽太殺道。只道得八成。
운암이 말했다. "전신(遍身)이 손이요 눈입니다." 도오화상이 말했다. "말을 잘했지만, 10에서 단지 8할 정도 맞는 말이다."

암운　사형작마생　오운　통신시수안
巖云。師兄作麽生。吾云。通身是手眼。
운암이 말했다. "사형은 어떻습니까?" 도오화상이 말했다. "온몸 전체가 바로 손이고 눈이다."

90. 지문이 반야의 본체를 설명하다
거　승문지문　여하시반야체　문운　함합명월　승운　여하시반약용
擧。僧問智門。如何是般若體。門云。蚌含明月。僧云。如何是般若用。
어떤 스님이 지문화상에게 질문했다. "어떤 것이 반야지혜의 본체입니까?" 지문화상이 대답했다. "대합조개가 밝은 달을 삼킨다." 스님은 질문했다. "무엇이 반야지혜의 작용입니까?"

문운　토자회태
門云。兎子懷胎。
지문화상이 대답했다. "토끼가 새끼를 잉태했다."

91. 염관이 무소뿔로 만든 부채를 찾다

거 염관일일환시자 여아장서우선자래   시자운 서자파아

擧。鹽官一日喚侍者。與我將犀牛扇子來。侍者云。扇子破也。

관운 선자기파 환아서우아래 시자무대

官云。扇子既破。還我犀牛兒來。侍者無對。

염관화상이 어느 날 하루 시자를 불러 말했다. "무소뿔 부채를 가져오너라!" 시자가 말했다. "부채가 부서졌습니다." 염관화상이 말했다. "부채가 부서졌다면 나에게 무소를 되돌려 다오." 시자는 대꾸를 하지 못했다.

투자운 불사장출 공도각불전   설두염운 아요불전저두각

投子云。不辭將出。恐頭角不全。雪竇拈云。我要不全底頭角。

석상운 약환화상즉무야   설두염운 서우아유재

石霜云。若還和尚卽無也。雪竇拈云。犀牛兒猶在。

투자(投子)선사가 말했다. "사양치 않고 갖다 드리겠습니다만, 뿔이 온전치 못할까 걱정입니다." 설두선사가 말(拈)했다. "나는 온전치 못한 뿔을 요구한다." 석상선사가 말했다. "화상께 되돌려 줄 것이 없다." 설두선사가 말했다. "무소는 아직 그대로 있다."

자복화일원상 어중서일우자   설두염운 적래위십마불장출

資福畫一圓相。於中書一牛字。雪竇拈云。適來爲什麼不將出。

보복운 화상년존 별청인호   설두염운 하석노이무공

保福云。和尚年尊。別請人好。雪竇拈云。可惜勞而無功。

자복(資福)선사는 일원상을 그리고, 그 가운데 우(牛)자를 썼다. 설두선사가 말했다. "조금 일찍이 왜 빨리 제시하지 않았는가?"

보복(保福)선사가 말했다. "화상은 춘추가 높으니 따로 사람에게 청하는 것이 좋겠습니다." 설두선사가 말했다. "고생을 했지만 공이 없는 것이 안타깝다."

92. 세존께서 법상에 오르다

거　세존일일승좌　문수백추운　제관법왕법　법왕법여시
擧。世尊一日陞座。文殊白槌云。諦觀法王法。法王法如是。

세존께서 어느 날 설법하기 위해 법좌에 올랐다. 문수보살이 종을 치면서 말했다. "법왕의 설법을 자세히 관찰하라. 법왕의 가르침은 이와 같다

세존변하좌
世尊便下座。

세존은 곧 법좌에서 내려 오셨다.

93. 대광이 춤을 추다

거　승문대광　장경도　인재경찬　의지여하　대광작무　승례배
擧。僧問大光。長慶道。因齋慶讚。意旨如何。大光作舞。僧禮拜。
광운　견개십마　변례배　승작무
光云。見箇什麼。便禮拜。僧作舞。

어떤 스님이 대광화상께 질문했다. "장경(長慶)선사가 '재(齋)를 올리고 축하한 것이다'라고 말한 의미는 무엇입니까?" 대광화상은 춤을 추었다. 그 스님은 절을 올렸다. 대광화상이 말했다. "그대는 무엇을 보았길래 곧바로 절을 올리느냐?" 그 스님은 춤을 추었다.

광운   저야호정
光云。這野狐精。
대광화상은 말했다. "이 여우같은 놈!"

94. 능엄경의 보이지 않는 곳

거   능경경운   오불견시   하불견오불견지처   약견불견
擧。楞嚴經云。吾不見時。何不見吾不見之處。若見不見。
자연비피불견지상   약불견오불견지지   자연비물   운하비여
自然非彼不見之相。若不見吾不見之地。自然非物。云何非汝。
{능엄경}에서 부처님은 아난에게 말씀하셨다. '내가 아무 것도 보지 않을 때, 어째서 그대는 내가 보지 않는 곳(不見處)을 보질 못하는가? 만약 내가 보지 않는 곳을 본다면, 당연히 그것은 (보고 아는 모습이기에) 보지 않았다고 하는 모습(不見相)이 아니다. 만약 내가 보지 않는다고 하는 그 곳(不見地)을 보지 않는다면, 당연히 보지 않는 불견(不見)은 상대적인 대상의 사물이 아니다. 바로 그대 자신의 본성인 것이다.'

95. 장경이 여래가 두 가지 말을 했다고 말하지 말라고 하다

거   장경유시운   녕설아러한유삼독   불설여래유이종어
擧。長慶有時云。寧說阿羅漢有三毒。不說如來有二種語。
불도여래무어   지시무이종어   보복운   작마생시여래어
不道如來無語。只是無二種語。保福云。作麼生是如來語。
장경화상이 어느 때에 말했다. '차라리 아라한에게 탐진치 삼독(三毒)이 있다고 말할지라도, 여래에게 두 종류 설법이 있다고 말해서는 안 된다. 여래께서 말씀이 없었다는 것이 아니라. 단지

두 종류의 말씀이 없었을 뿐이다.' 복화상이 말했다. '어떤 것이 여래의 말씀인가?'

경운   롱인쟁득문   보복운   정지이향제이드도
慶云。聾人爭得聞。保福云。情知爾向第二頭道。
경운   작마생시여래어   보복운   끽다거
慶云。作麽生是如來語。保福云。喫茶去。
장경화상이 말했다. '귀먹은 사람이 어떻게 들을 수가 있겠는 가?' 보복화상이 말했다. '그대가 제이의(第二義)에서 말했음을 알겠노라.' 장경화상이 말했다. '어떤 것이 여래의 말씀인가?' 보복화상이 말했다. '차나 마시게!'

96. 조주가 심기일전의 한마디를 세 번하다
거   조주시중삼전어
擧。趙州示衆三轉語。
형상으로 부처나 마음을 구하지 말아

"조주선사가 법당에 올라 대중들에게 법문을 제시했다.
'쇠 부처(金佛)는 용광로를 거치면 녹아버릴 것이고, 나무부처(木佛)는 불에 타 버릴 것이고, 진흙 부처(泥佛)는 물에 녹아 풀어진다. 참된 부처(眞佛)는 마음 속에 있다. 보리나 열반, 진여 불성이 모두 몸에 걸친 의복과 같고, 역시 번뇌라고 할 수 있다. 의문이 없으면 번뇌도 없다. 궁극적인 실제 이치라도 어디에 둘 수가 있으랴! 망심이 일어나지 않으면 만법은 허물이 없다. 단지 불법의 이치를 구명하기 위해 참선하라. 그렇게 수행하여 만약 불법의 대의를 체득하지 못한다면 노승의 머리를 잘라버려라!'"

97. 금강경을 읽으면 죄업이 소멸 되는가

서 금강경운 약위인경천 시인신세죄업 응타악도
擧。金剛經云。若爲人輕賤。是人先世罪業。應墮惡道。
이금세인경천고 선세죄업 즉위소멸
以今世人輕賤故。先世罪業。則爲消滅。

"금강경에 말씀하시길 '만약에 사람들에게 업신여김과 천대를 받는 경우가 있는데, 이 사람은 과거세에 지은 죄업으로 응당히 삼악도에 떨어지는 과보를 받아야 하겠지만, 지금 금생에 사람들의 업신여김과 천대를 받았기 때문에, 과거세에 지은 죄업이 곧 소멸된다'고 하였다."

98. 서원이 두 차례나 틀렸다고 말하다

거 천평화상행각시참서원 상운 막도회불법 멱개거화인야무
擧。天平和尚行脚時參西院。常云。莫道會佛法。覓箇擧話人也無。
일일서원요견소운 종의 평거두 서원운 착 평행삼양보
一日西院遙見召云。從漪。平擧頭。西院云。錯。平行三兩步。

천평 선사가 행각할 때 서원 화상을 참문하고, 평상시처럼 말했다. '불법을 안다고 말하지 않고, 한 사람도 화두를 제기하는 사람은 찾아 볼 수 없구나!' 하루는 서원 화상이 멀리서 바라보고 그를 부르며 말했다. '종의(從漪)야!' 천평 선사가 머리를 들자, 서원 화상은 '틀렸다!'라고 말했다. 천평 선사가 두 세 걸음 걸어가자,

서원우운 착 평근전 서원운 적래저양착 시서원착 시서원착
西院又云。錯。平近前。西院云。適來這兩錯。是西院錯。是西院錯。
시상좌착 평운 종의착 서원운 착
是上座錯。平云。從漪錯。西院云。錯。

서원 화상이 또다시 '틀렸다!'라고 말했다. 천평 선사가 앞으로 가까이 다가서자, 서원 화상이 말했다. '조금 전에 두 번 "틀렸다!"라고 말했는데, 서원이 틀렸는가, 상좌가 틀렸는가?' 천평은 말했다. 제가 틀렸습니다.' 서원 화상은 또 다시 '틀렸다'고 말했다.

평휴거 서원운 차재저리과하 시공상좌상량저양착 평당시변행
平休去。西院云。且在這裏過夏。待共上座商量這兩錯。平當時便行。
천평 선사가 그만두려고 하자, 서원 화상이 말했다. '우선 여기에 머물며 하안거를 지내면서 상좌와 함께 두 번 틀렸다는 문제점을 살펴보도록 하자.' 천평 선사는 당시 곧장 떠나 가버렸다.

후주원위중운 아당초행각시 피업풍취 도사명잘노처 련하양착
後住院謂衆云。我當初行脚時。被業風吹。到思明長老處。連下兩錯。
갱유아과하 시공아상량 아불도임마시착
更留我過夏。待共我商量。我不道恁麼時錯。
그 뒤에 선원에 주석하면서 대중들에게 말했다. '내가 처음 행각할 때에 업풍(業風)에 끌려 사명장로의 처소를 찾아갔더니, 연이어 두 번이나 '틀렸다!'고 말한 뒤에, 나에게 그 곳에 머물며 하안거를 보내며 이 문제를 함께 살펴보자고 하였다.

아발족상남방거시 조지도착료야
我發足向南方去時。早知道錯了也。
나는 그 때 틀렸다는 사실을 몰랐지만, 내가 그 곳을 떠나 남쪽으로 떠날 때에 비로소 틀린 것임을 알았다.

99. 혜충국사가 조어장부를 설명하다

서 숙종제문충문사 여하시십신조어 국사운 단월답비로정상행
擧。肅宗帝問忠問師。如何是十身調御。國師云。檀越踏毘盧頂上行。
제운 과인불회 국사운 막인자기청정법신
帝云。寡人不會。國師云。莫認自己淸淨法身。

숙종 황제가 혜충 국사에게 질문했다. '어떤 것이 십신(十身) 조어(調御)입니까?' 혜충 국사가 말했다. '단월(檀越)이여! 비로자나의 정수리를 밟고 초월해 가시오.' 숙종 황제가 말했다. '과인은 잘 모르겠습니다.' 혜충 국사가 말했다. '자기의 청정법신이 있다고 인정하지 마시오.'

100. 파릉이 휘두른 취모검

거 승문파릉 여하시취모검 릉운 산호지지탱착월
擧。僧問巴陵。如何是吹毛劍。陵云。珊瑚枝枝撐著月。

어떤 스님이 파릉 화상에게 질문했다. '어떤 것이 취모검입니까?' 파릉 화상이 말했다. '산호의 가지가지마다 달이 달려 있구나.'

야단법석(野壇法席)

불자들의 수행과 신행을 돕기 위하여
불교의 사상과 교훈이 되리라 생각하여 간추려 보았다.
불경과 큰 스님인 선지식들의 법문이다.
법문을 하고자 할 때 간단하게 사용할만한 구절들이다.
자신의 좌우명이나 가훈으로 좋을 것이다.
달마도를 그리고 화제(畵題)의 글로 쓰면 더욱 좋을 것이다.
캘리그라피 글씨로 쓰면 이상적이다.

불교에서는 세상에서 제일가는 복은 인연 복이라 하였다. 우리가 한 순간 어려운 시기에 봉착 하였을 때 극적인 한 순간 인생이 바뀌게 되 될 수도 있는 문장을 생각해 보았다.
세상 모두가 서로 의존하여 유지해가는 관계이므로 무릇, 사람은 긍정적인 사고와 인간관계를 중심으로 생각하면서 늘 감사하면서 살아가야 한다.
이러한 방법들은 인생을 성공하게 하는 성공 철학이라 할 수 있다. 누구나 조금만 관심 있게 읽다가 보면 불행에서 성공으로 전환해 줄 수 있는 감로수가 되지 않을까 하는 생각에 서다. 누구나 보다 더 완전한 행복을 누릴 수 있다는 희망으로 축원해 봅니다.

불교적 사상

*안수정등(岸樹井藤): 나 자신이 살아가고 있는 모습

온 세상 불에 타고 불에 놀란 코끼리에 쫓긴 한 사내가 다행히 우물을 발견하고 그 속으로 피한다. 다행히 생명줄인 칡넝쿨이 있어 거기에 매달릴 수 있어 목숨은 건졌다. 하지만, 우물 안에는 독사들이 우글거리고, 흰 쥐 검은 쥐 두 마리가 있어 온종일 칡넝쿨을 갉아 먹고 있었다. 한 사내는 이러한 절대 절명의 위기 상황에 처했으나, 칡넝쿨의 벌집에서 떨어지는 꿀방울이 입가에 떨어지자 꿀맛이란 욕망에 취해 위급한 현실을 잊어버렸다. 이렇게 위험과 죽음의 위급한 상황에서도 꿀 한 방울 단맛이란 욕망에 사로잡혔다. 위험도 깜빡 잊은 채 더 큰 재앙의 죽음을 맞이하고 있는 이 사내의 모습은 우리 중생들이 현실적인 삶 고해(苦海)에서 빠져나오지 못함과 어찌 다를까! 보디다르마(Bodhidharma) 보리달마(菩提達摩) 달마도는 우리중생들의 고통과 고해를 건너주는 큰 배가 되고 등불이 될 것이다.

(불: 삼독, 사내: 중생, 코끼리: 시간, 흰 쥐. 검은 쥐: 낮 밤, 칡넝쿨: 목숨줄, 독사: 4대 육신, 꿀: 오욕탐)

*사고팔고(四苦八苦)

생로병사, 애별리고, 원증회고, 구부득고, 오음성고는 누구든지 피할 수 없는 자연적으로 격어야 할 괴로움이다.

생로병사(生老病死) **나고 늙고 병들어 죽음의 고통**
애별리고(愛別離苦) **사랑하는 대상과 헤어지는 고통**
원증회고(怨憎會苦) **원망스러운 대상과 만나게 되는 고통**

구부득고(求不得苦) 구하고 싶은 것 얻지 못하는 고통
오음성고(五陰盛苦) 무상한 색수상행식, 오온(五蘊)집착의 고통

*연기법(緣起法)의 진리
  차유고피유 차생고피생(此有故彼有 此生故彼生)
  이것이 있으므로 저것이 있게 되고
  이것이 생겨나므로 저것이 생겨난다
  차무고피무 차멸고피멸(此無故彼無 此滅故彼滅)
  이것이 없으므로 저것이 없게 되고
  이것이 소멸하므로 저것이 소멸한다

*세상 모두 인연으로 생겨나고 인연으로 사라진다.
  삶의 지혜란 사건사건의 틈을 볼 줄 아는 것
  자신이 지금 서있는 경계이기 때문이다.

*불교의 이상(理想)
  이고득락(離苦得樂), 전미개오(轉迷開悟), 혁범성성(革凡成聖),
  안심입명(安心立命), 해탈(解脫), 열반(涅槃), 견성성불(見性成佛)

*이고득락(離苦得樂)
  사고(四苦) 팔고(八苦)의 괴로움을 벗어나 즐거움을 얻는 것, 고
  통의 원인을 제거함으로써 다툼이 없는 열반락(涅槃樂)을 얻는 것.

*전미개오(轉迷開悟)
  미혹하고 어리석음에서 해탈하여 깨달음을 얻으려는 것.

*혁범성성(革凡成聖)

범부(중생)적인 것을 고쳐서 성인(부처)을 이루려는 것.

*안심입명(安心立命)

마음속의 모든 번뇌. 망상을 잠재우고 마음을 편안하게 하는 것.

*해탈(解脫)

생사의 속박과 윤회의 고통에서 벗어나는 것.

*열반(涅槃)

모든 욕망과 번뇌의 불꽃이 꺼진 고요한 적멸(寂滅)의 상태

*견성성불(見性成佛)

자기 안에 내재된 부처의 참 성품을 직관(直觀)하여 부처가 되
는 것.

*부처님은 세상에서 으뜸이고,
 진리는 열반의 세계로 인도하고,
 승가는 현자가운데 제일이니,
 삼보 굳고 깨끗한 믿음을 지니면
 온 세상 재앙은 없으리라.
 사람도 동물도 신들도 행복하고,
 밤이나 낮이나 모두 안락하고,
 이러한 믿음을 지니면
 온 세상의 재앙은 없으리라.

※ 증오하거나 애착하지 마라.
　마음속에 미움이나 좋아하는 분별이 없다면 몸에 어찌
　괴로움과 즐거움이 생겼다 사라졌다 한단 말인가.
　평등한 성품에는 나랑 남이랑 구별이 없고
　거울처럼 밝은 지혜는 가깝다 멀다는 분별이 없다.
　삼악도에 태어나고 죽음을 되풀이함은
　사랑과 미움으로 얽혀있기 때문이고,
　중생이 육도 윤회를 하는 것은 친한 사람이나
　친하지 않은 사람과 업(業)으로 얽혀있기 때문이다.

※ 듣자 하옵건데 생사(生死)에 어두운 길은 부처님의 자비
　광명이 아니면 가히 밝힐 수가 없고, 깊은 고해(苦海)의 파
　도는 부처님의 법선(法船)이라야만 건널 수가 있다고 하였
　습니다.
　사생육도(四生六道)에 마음이 흐려지면 개미가 바퀴 돌듯
　하고, 팔란삼도(八亂三途)에 얽히면 누에가 집을 짓는 것과
　도 같습니다.
　생사윤회(生死輪迴)는 예로부터 마음에 근원을 깨우치지
　못하였으니 어찌 감히 면할 수가 있겠습니까.
　다행히도 저희 불자들은 부처님의 바른 법을 만나게 되어
　마음은 어둡지 아니하고 욕망과 집착은 사라지고 공포와
　두려움이 없어 다툼 없는 열반 락(樂)을 누리게 되겠습니다.

　　　저 하늘은 바람이 고요하고
　　　밝고 밝은 태양을 꽃과 향으로써 받아 지니소서!

근대 큰스님의 법어

원래 선시(禪詩)를 함부로 해석이나 번역하지 않는 것이지만 달마도에는 선시의 화제(畵題)가 적당하기 때문에 의역(意譯)하였습니다.

1. 수미거봉 입개자리 사대해수일 일모공내
   (須彌巨峰 入芥子裡 四大海水一 一毛孔內)
   수미산 큰 봉우리는 개자 씨앗으로 들어가고
   사해의 바닷물은 털구멍의 한 방울 물이다 (김제 원각사 春明)

2. 석가(釋迦)는 **한 평생 아무 말 하지 않았다 하고**
   가섭(迦葉)은 **문 앞 철간을 꺽어 버려라 하고**
   유마(維磨)는 **오랫동안 말하지 아니하고**(沈黙)
   달마(達磨)는 **모르겠다하고**(不識)
   혜능(慧能)은 **불사선불사악**(不思善.不思惡)**하라 하고**
   남북(南北)은 **칼을 뽑아들었고**
   조주(趙州)는 **차 한잔 마시고 가라하고**(喫茶去)
   용산(龍山)은 **문 닫고 오랫동안 나아가지 아니하고**
   도림(道林)은 **중선봉행 제악막작**(衆善奉行.諸惡莫作)**하라 하고**
   춘명(春明)은 **미소**(微笑)**를 띠우니**
   제불제조((諸佛.諸祖)의 **설법과 무엇이 다를까** (태인 다천사 碧山)

3. 일의우일발 출입조주문 답진천산설 귀래 와백운
   (一衣又一鉢 出入趙州門 踏盡千山雪 歸來 臥白雲)
   한 벌 옷 한 벌 바루 조주의 문을 드나들며
   천산의 눈 다 밟아 돌아와 흰 구름에 누었나니 (碧松 智嚴)

4. 이화천만편 비입청허원 목적과전산 인우구불견
   (梨花千萬片 飛入淸虛院 牧笛過前山 人牛俱不見)
   배꽃 흩날려 청허원에 날아드네
   목동의 피리소리 앞산 지나건만 사람도 소도 없네 (西山 休靜)

5. 법무이법 망자애착 장심용심 기비대착
   (法無異法 妄自愛着 將心用心 豈非大錯)
   진리에는 진리아닌 것이 없는데
   망령되게 스스로 애착하네
   마음으로 마음을 쓰려하니
   이보다 더한 잘못이 어디 있는가? (鏡虛 悟道歌)

6. 홀문인어무비공   돈각삼천시아가
   (忽聞人語無鼻孔   頓覺三千是我家)
   유월연암산하로   야인무사태평가
   (六月鳶巖山下路   野人無事太平歌)
   홀연히 사람에게서 고삐 뚫을 구멍 없다는 말 듣고
   문득 깨닫고 보니 삼천대천 세계가 이 내 집일세.
   유월 연암산 아랫길에
   들 사람 일이 없어 태평가(太平歌)를 부르네. (鏡虛)

7. 십만리래청안소   구년허도소림춘
   (十萬里來靑眼少   九年虛度少林春)
   불봉말후신광배   야시유사랑돌인
   (不逢末後神光拜   也是流砂浪咄人)
   십만리길 왔건마는 눈 밝은이 드물구나

그럭저럭 소림사에 구년을 헛보냈네
늦게라도 신광이 날 찾지 않았다면
멀고먼 사막길을 건너온게 한갖 헛일 되었으리 (遠孫 松雲)

8. 해저이우함월주　곤륜기상로사견
　　(海底泥牛含月走　崑崙騎象鷺絲牽)
　　바다 밑으로 진흙소가 달을 물고 달리고
　　곤륜산에서 코끼리를 타니 백로가 고삐를 끄네 (만공)

9. 공산이기고금외　백운청풍자거래
　　(空山理氣古今外　白雲淸風自去來)
　　하사달마월서천　계명축시인일출
　　(何事達摩越西天　鷄鳴丑時寅日出)
　　공산의 이기는 세월과 무관하고
　　흰구름 맑은 바람 스스로 오가네
　　어찌하여 달마는 서천에서 왔는가
　　닭은 축시에 울고 해는 인시에 뜬다. (滿空月面)

10. 작야월만루　창외로화추　불조상신명　유수과교래
　　(昨夜月滿樓　窓外蘆花秋　佛祖喪神命　流水過橋來)
　　어젯밤 달빛은 누각에 가득하더니
　　창밖은 갈대꽃 가을이로구나
　　부처와 조사도 여기서는 신명을 잃었는데
　　다리아래 흐르는 물은 긴 세월 지나오는 구나 (田岡)

11. 산시문수안　수시관음이　견적시심마　의구수동류
　　(山是文殊眼　水是觀音耳　見笛是甚麼　依舊水東流)

산은 문수의 눈이요 물은 관음의 귀라
보이는 것이 이 뭣인고? 물은 예처럼 동으로 흐르네 (田岡)

12. 강룡지상백일수   능서내한금기년
    (降龍池上百日樹   凌署耐寒今幾年)
    차문통홍하의지   사리탑전일주향
    (借問通紅何意旨   舍利塔前一炷香)
    항용지 옆 백일홍 나무 더위와 추위 이긴 것이 몇 년인가
    온통 붉음은 어떤 뜻인가? 사리탑 앞의 한 자루 향심지라 (弘經)

13. 심월호원 광탄만상 광경구망 부시하물
    (心月弧圓 光呑萬象 光境俱忘 復是何物)
    마음속 달이 둥그렇게 빛나니 그 빛이 만상을 삼켰구나
    빛의 경계를 함께 잊으니 다시 이것이 뭣인고? (鏡虛)

14. 중암아복거 조도절입적 정제하소유 백운포유석
    (重岩我卜居 鳥道絶入跡 庭際何所有 白雲抱幽石)
    가파른 바위언덕 내 사는곳 새만 오가는 인적없는 터
    뜨락에 무엇이 있는가 흰 구름만 바위를 휘감네 (漢岩)

15. 주자범기년 누견춘동역 기어종정가 허명정무익
    (住玆凡幾年 屢見春冬易 奇語鐘鼎家 虛名定無益)
    여기에 머문지 몇해이런가 여러차례 봄가을 바뀌었는데
    종정가에게 부탁하노니 허명이란 이익이 없는 것이라고 (漢岩)

16. 답번지축지부동   추도천주천갱고
    (踏翻地軸地不動   推倒天柱天更高)

은범철선귀소실　지금천하기풍도

(薀泛鐵船歸少室　至今天下起風濤)

지축을 밟고 돌려도 땅은 움직이지 않고

하늘을 밀고 꺼꾸려 뜨려도 하늘은 더욱 높아라

편안하게 철선 띄워 소림사에 돌아가.

오늘에 이르도록 바람과 파도를 일으킨다 (白鶴鳴)

17. 인혹견아 흡사달마 청취기설 졸위자진

(人或見我 恰似達摩 聽取其說 卒爲自眞)

사람들은 날더러 달마와 흡사하다 하나

그 말 듣고 별안간에 진실인가 한다　(백용성)

18. 오온산중심우객　독좌허당일륜고

(五蘊山中尋牛客　獨坐虛堂一輪孤)

방원장단수족도　일단화염소대천

(方圓長短誰足道　一團火焰燒大天)

오온산속에서 소를 찾는 길손이

외로히 둥근 달아래 빈집에 홀로 앉아

모나다 둥글다 길다 짧다 누구라서 깨달았나

한 뭉치 화염이 대천세계를 모두 태운다 (白龍城)

19. 오본래자토 전법구미정 일화개오엽 결과자연성

(吾本來玆土 傳法救迷情 一華開五葉 結果自然成)

내가 본래 이 땅에 온 것은 법으로 미혹함을 구하기 위함인데

한 송이 꽃에 다섯 잎 피어남이 그 열매 자연스레 익어 간다

(映湖)

20. 채국동리하 유연견남산 산기일석가
   (彩菊東籬下 悠然見南山 山氣日夕佳)
   비조상여환 차중유진의 항변기망언
   (飛鳥相與還 此中有眞意 恒辨己忘言)
   뒤안 울타리의 국화를 따다가 홀연히 남산을 바라보니
   산기운 저녁노을 아름다워 나는 새와 더불어 돌아와
   그 안에 참된 뜻 있어 이제 그 뜻을 헤아려 할 말 잊었네 (映湖)

21. 서색산전백로비   도화유수궐어비
   (西塞山前白鷺飛   桃花流水鱖魚肥)
   청옹립녹사의   사풍세우불수귀
   (靑蒻笠綠蓑衣   斜風細雨不須歸)
   서쪽의 한산 앞엔 백로가 날고
   복사꽃 피고 물흐르면 쏘가리 살찌네
   푸른 옹립에 녹색 도롱이 걸치고
   비낀바람 가랑비에 금방 돌아가지 못하네 (장지화)

22. 천연면목숙능강   백곡청천만인산
   (天然面目孰能剛   百曲淸川萬仞山)
   산득주혜천지갈   구구하사몽인간
   (山得住兮川止渴   區區何事夢人間)
   천연한 면목을 누가 능히 닦을 것인가
   험준한 산골에 굽이치는 맑은 냇물
   산에 머물러 살고 냇물에 갈증을 푸나니
   구차스래 무슨 일로 속인들을 꿈이나 꾸겠는가 (曼庵)

23. 백암산상일맹호　심야횡행교살인
(白岩山上一猛虎　深夜橫行咬殺人)
삽삽청풍비효후　추천교월냉상륜
(颯颯淸風飛哮吼　秋天皎月冷霜輪)
백암산상에 한 마리 사나운 범
한밤중 돌아다니며 많은 사람 물어 죽이고
울부짖으며 날아다니며 청풍을 일으키니
가을하늘 밝은 달빛 서릿발처럼 차갑구나　(서옹)

24. 고추기골한광안　섬전대기빈주명
(古錐氣骨寒光眼　閃電大機賓主明)
수식개중천재사　현풍일대진명성
(誰識箇中千載事　玄風一代振名聲)
닳은 송곳 같은데 기골이 섬뜩한 눈빛
번개같이 빛나는 큰 틀은 주객이 분명 터라
오랜 세월 존엄한 일 누구라서 알 것인가
깊은 도풍이 일대 명성을 날리리라　(宗成스님이　西翁스님에게)

25. 해저연소록포란　화중주실어전차
(海底燕巢鹿抱卵　火中蛛室魚煎茶)
차가소식수능식　백운서비월동주
(此家消息誰能識　白雲西飛月東走)
바다 밑 제비집에 사슴이 알을 품고
타는 불속 거미집에 고기가 차를 달이네
이집안 소식을 뉘라서 알리야
흰구름 서쪽으로 달은 동쪽으로　(曉峰)

26. 오설일체법 도시조병무 약간금일사 월인어천강

(吾說一切法 都是早駢拇 若間今日事 月印於千江)

내가 말한 모든 법 그게 다 군더더기

오늘 일을 묻는가 달빛은 일천 강에 비추 이리 (曉峰禪師 涅槃頌)

27. 춘지백화위수개   동행불견서행리

(春至百花爲誰開   東行不見西行利)

백두자취흑두부   양개니우전입해

(白頭子就黑頭父   兩個泥牛戰入海)

누굴 위해 봄마다 꽃은 피는가

동으로 가면서 서쪽에서 얻은 이익 보지 못하니

머리흰 아들이 검은 머리 아비에게 나아가니

두 마리 진흙소가 싸우며 바다로 들어간다 (石頭)

28. 심입보현모공리   착패문수대지한

(深入普賢毛孔裏   捉敗文殊大地閑)

동지양생송자록   석인가학과청산

(冬至養生松自綠   石人駕鶴過靑山)

보현의 터럭속에 깊이 들어가

문수를 붙잡으니 대지가 한가롭네

동짓날 소나무가 제 혼자 푸르르니

돌사람이 학을 타고 청산을 지나가네 (九山)

29. 만산상엽 홍어이월화 물물두두 대기전창

(滿山霜葉 紅於二月花 物物頭頭 大機全彰)

생야공혜사야공 능인해인삼매중 미소이서

(生也空兮死也空 能仁海印三昧中 微笑而逝)

온산의 단풍이 봄의 꽃보다 붉으니
삼라만상이 큰 기틀을 온통 드러냈구나
생도 공하고 사도 또한 공이니
부처의 해인삼매 중에 미소지으며 가노라 (九山 臨終偈)

30. 모탄거해수 개자세수미 벽한일륜월 청광육합휘
    (毛呑巨海水 芥子細須彌 碧漢一輪月 淸光六合輝)
    머리카락에 큰 바다를 머금고 겨자씨가 수미산보다 적다
    은하수에 보름 달 푸른빛이 천지에 빛난다 (九河)

31. 종성방명급출문   벽천여해철무운
    (鐘聲方鳴急出門   碧天如海徹無雲)
    일광기조삼천계   아여건곤미별분
    (日光圻照三千界   我與乾坤未別分)
    천지구탄시상기   석토승학축니구
    (天地口呑是上機   石兎乘鶴逐泥龜)
    화림조숙강산정   라월송풍농아수
    (花林鳥宿江山靜   蘿月松風弄阿誰)
    종소리 목탁 소리에 급히 문을 나서니
    푸른 하늘 바다처럼 구름 한점 없구나
    한빛 터져 삼천대천세계를 비추니
    나와 하늘땅을 분간키가 어렵다
    천지를 삼키니 큰 기틀하여
    돌 토끼 학을 타고 진흙거북 쫓아가네
    꽃숲엔 새가 자고 강산은 고요한데
    칡넝쿨 달과 솔바람 뉘라서 완상하리 (鏡峰)

32. 춘풍소진천산설 지상향매포욕열
   (春風掃盡千山雪 枝上香梅包欲裂)
   화기청운천외래 건곤묘경빙수설
   (和氣靑雲天外來 乾坤妙境憑誰說)
   천산에 쌓인 눈 봄바람에 다 녹아
   매화 가지마다 향기로운 봉오리가 벌려하네
   화사한 봄 노을 하늘 끝까지 어렸는데
   아름다운 이 강산을 그 뉘와 말하랴 (石頭)

33. 활안원음만고진용 행봉행갈인천귀종
   (活眼圓音萬古眞容 行棒行喝人天歸宗)
   자맥청산수월무종 겁외춘색화개오봉
   (紫陌靑山水月無踵 劫外春色花開五峰)
   빛나는 눈 자상한 음성은 옛 부처의 모습이요
   때리고 꾸짖어서 천상인간 다함께 귀의하였네
   세간 출세간이 물에 비친 달처럼 자취 없으니
   철 잃은 봄 빛이여 다섯 봉오리에 꽃이 만발하였네 (石頭)

34. 서래적적의 정호묵무진 노차진하사 불시안전진
   (西來的的意 正好默無陣 怒且嗔何事 佛是眼前塵)
   서쪽에서 온 분명한 뜻은
   잠자코 말하지 않았음이 좋았건만
   성내고 꾸짖음은 무슨 일 인가
   부처도 눈앞의 티끌인 것을 (西翁)

35. 반야명월휘건곤 석화광중변사정
   (半夜明月輝乾坤 石火光中辨邪正)

태평가요만불국　도기철마상설산

(太平歌謠滿佛國　倒騎鐵馬上雪山)

한밤중 밝은 달은 하늘과 땅을 밝히고

석화가 번쩍하니 정과 사를 가리난다

태평한 노래가락 불국토에 가득하니

철마를 거꾸로 타고 설산을 오르난다 (西翁)

36. 안피개진삼천계　비공능장백억신

(眼皮蓋盡三千界　鼻孔能藏百億身)

눈꺼풀 하나로 삼천대천세계를 덮고

콧구멍에는 백억신을 담고 있구나 (月山)

37. 서래밀지숙능지　처처명명물물제

(西來密旨孰能知　處處明明物物齊)

소원춘심인취와　만산도리자규제

(小院春深人醉臥　滿山桃李子規啼)

조사가 서쪽에서 온 뜻 누가 알손가

곳곳에 보이는 이 모든 것이 그것이네

봄깊은 작은집에 취해서 누었나니

온 산에는 꽃이요 두견새 우는 소리네 (경허)

38. 월락철해중　야반원정명

(月落鐵海中　夜半圓正明)

달님이 쇠로된 바다 가운데로 떨어지니

한밤중에 둥근 빛이 환하게 비추난다 (경허)

39. 와우각상쟁하사　석화광중기차신

(蝸牛角上爭何事　石火光中寄此身)

수부수빈차환락 불개구소시치인

(隨富隨貧且歡樂 不開口笑是痴人)

달팽이 뿔 위에서 서로 다투고 있으니

부싯돌 불빛에 이 몸을 맡긴 꼴이네

부자나 간난이나 잠깐 즐길 뿐이니

크게 웃지 않으면 어리석은 사람일래 (경허)

40. 월원불유망 일중위지경 정전백수자 독야사시청

(月圓不逾望 日中爲之傾 庭前栢樹子 獨也四時靑)

달은 둥글어도 보름을 넘지 못하고

해도 한낮이 지나면 기우니라

그런데 뜰앞의 잣나무는 사철 혼자 푸르구나 (경허)

41. 좌단천산여만산 권인제각시비난

(坐斷千山與萬山 勸人除却是非難)

타시호오지단적 시각종전만면회

(他時好惡知端的 始覺從前滿面灰)

천산만산을 앉은 채 모두 끊을 수 있지만

사람에게 시비를 없애라고 권하는건 더욱 어렵네

훗날 좋고 나쁨을 똑바로 알게되면

이제껏 얼굴이 재로 뒤덮여 있었음을 깨달으리라 (경허)

42. 전생수시아 내생아위수

(前生誰是我 來生我爲誰)

금생시지아 환미아외아

(今生始知我 還迷我外我)

전생에는 누가 나이며 내생에는 누가 나일까
금생에는 나를 몰라서 참나 밖에서 참나 찾아 헤메였구나

(학명.오도가)

43. 망도시종분양두   동경춘도사년류
    (妄道始終分兩頭   冬經春到似年流)
    시간장천하이상   부생자작몽중유
    (試看長天何二相   浮生自作夢中遊)
    묵은 해니 새로운 해니 분별하지 말게
    겨울 가고 봄이 오니 해바뀐 듯 하지만
    보게나, 저 하늘이 뭐 변함이 있는가
    우리가 어리석어 꿈속에 살고 있다네   (학명선사)

44. 오성산하송월림   유유곤인몽일개
    (五聖山下松月林   唯有困人夢一開)
    대천세계탄무적   남남유조원창래
    (大天世界吞無跡   喃喃幽鳥遠窓來)
    오성산 아래 소나무 달 그윽한 나한도량
    오직 괴로워하는 사람들의 꿈을 일깨우네
    크고 넓은 세계 자취 없이 삼켜 버리니
    새들은 지저귀고 아득한 소리 창문으로 들어오네

(거제도약수암 도리천)

화제(畵題)로 쓰는 글

달마도를 그리고 맨 앞머리에 글귀를 화제(畵題)로 쓰는데 문구들이다. 한 구절씩 써 보면서 마음수행에 참 좋을 것이다.
캘리그라피 글씨로 골라서 쓰면 더욱 이상적이다.

1. 마음 근원의 자리란
   언어도단(言語道斷) 심행처멸(心行處滅)이다.
   선가(禪家)에서 억지로 ○ 으로 표현하여 한 물건이라 하였다.

   　　고불미생전(古佛未生前)
   　　응연일상원(凝然一相圓)
   　　석가유미회(釋迦猶未會)
   　　가섭기능전(迦葉豈能傳)
   　　과거 부처님이 세상에 출현하기 이전에도
   　　한 ○ 모양으로 뚜렷이 존재하였거늘
   　　석가모니 부처님도 알지 못하였을 진데
   　　어찌 가섭존자가 이 법을 전할 수가 있으랴

2. 원각산중생일수(圓覺山中生一樹)
   개화천지미분전(開花天地未分前)
   비청비백역비흑(非靑非白亦非黑)
   부재춘풍부재천(不在春風不在天)
   원각산 가운데 한그루의 나무가 살고 있었는데
   하늘과 땅이 나뉘기 이전에 꽃은 피어있었구나

파란색도 흰색도 아니며 또한 검정색도 아니며
봄바람도 있지 않고 하늘도 있지 않다네

3. 금불불도로(金佛不渡爐)
　　목불불도화(木佛不渡火)
　　니불불도수(泥佛不渡水)
　　쇠 부처(金佛)**는 용광로에 녹아버리고**
　　나무 부처(木佛)**는 불에 타 버리고**
　　흙 부처(泥佛)**는 물에 녹아 풀어진다**

4. 약인욕식불경계(若人欲識佛境界)
　　당정기의여허공(當淨其意如虛空)
　　원리망상급제취(遠離妄想及諸趣)
　　영심소향개무애(令心所向皆無碍)
　　만약 누구라도 부처님의 경계를 알고자 한다면
　　마땅히 그 뜻을 허공과 같이 맑게 하여서
　　망상과 모든 집착을 멀리 여의고
　　마음이 향하는 곳 걸림이 없도록 하라

5. 탐위욕계 진위색계 치위무색계 약일념심생 즉입삼계
　　(貪爲欲界 嗔爲色界 癡爲無色界 若一念心生 即入三界)
　　일념심멸 즉출삼계 시지삼계생멸 만법유무 개유일심
　　(一念心滅 即出三界 是知三界生滅 萬法有無 皆由一心)
탐냄은 욕계가 되고, 성냄은 색계가 되고, 어리석음은 무색계가 되고
만약 한 순간 마음이 일어나면, 즉시 삼계(三界)**에 들어간다**
한 생각인 마음이 사라지면, 곧 삼계에서 벗어나는데

이처럼 삼계의 생겨나고 사라짐과 만법이 있고 없음은
모두 한마음에서 비롯된다   -(達磨大師悟性論)-

6. 좌무자성종심기(罪無自性從心起)
   심약멸시죄역망(心若滅是罪亦忘)
   죄망심멸양구공(罪忘心滅兩俱空)
   시즉명위진참회(是卽名爲眞懺悔)
   죄의 자성 본래 없고 마음에서 일어나니
   마음 한 번 쉬면 죄 또한 없어진다
   죄업과 마음 둘 다 모두 공하여야
   이것을 진실한 참회라 이름 하는 이라   (화엄경)

7. 청산혜요아이무어(靑山兮要我以無語)
   창공혜요아이무구(蒼空兮要我以無垢)
   료무애이무증혜(聊無愛而無憎兮)
   여수여풍이종아(如水如風而終我)
   청산은 나를 보고 말없이 살라하고
   창공은 나를 보고 티없이 살라하네
   사랑도 벗어 놓고 미움도 벗어놓고
   물같이 바람같이 살다가 가라 하네   (나옹선사)

8. 면상무진공양구(面上無瞋供養具)
   구리무진토묘향(口裡無瞋吐妙香)
   심리무진시진보(心裡無瞋是眞寶)
   무염무구시진상(無染無垢是眞常)
   성 안내는 그 얼굴이 참다운 공양구요

부드러운 말 한 마디 미묘한 향이로다.
새끗해 티가 없는 진실한 그 마음이
언제나 한결같은 부처님 마음일세. (문수동자)

9. 생종하처래 사향하처거(生從何處來 死向何處去)
   생야일편부운기(生也一片浮雲起)
   사야일편부운멸(死也一片浮雲滅)
   부운자체본부실(浮雲自體本無實)
   생사거래역여연(生死去來亦如然)
   독유일물상독로(獨有一物常獨露)
   담연불수어생사(湛然不隨於生死)
   태어남은 어디서 왔으며 죽은 후에는 어디로 가는가
   태어남은 한조각 뜬구름이 일어나는 것이요
   죽음이란 그 뜬 구름이 사라지는 것이며
   뜬구름 자체 실체가 없는 무상한 것이라
   오고가는 생사 역시 이와 같아 자연히
   한 물건이 있어 항상 홀로 드러나
   맑고 고요해 생사를 따르지 않는구나

10. 생사로암 빙 불촉이가명 고해파심 장 법선이가도
    (生死路暗 憑 佛燭而可明 苦海波心 仗 法船而可渡)
    사생육도 미진즉 사의순환 팔난삼도 자정즉 여잠처견
    (四生六途 迷眞則 似蟻巡還 八難三途 恣情則 如蠶處繭)
생사의 어두운 길은 부처님의 등불에 의지하여 밝힐 수 있고
고해의 깊은 파도는 진리의 배를 타야만 건널 수 있다지요
사생육도가 진리에 어두워 마치 개미가 쳇바퀴 돌듯 하고
팔난삼도 속에서 미쳐서 방종함이 누에가 제 집 짓고 죽는구나.

238

11. 수인온덕용신회　염불간경업장소
　　(修仁蘊德龍神喜　念佛看經業障消)
　　여시성현내접인　정전고보상금교
　　(如是聖衆來接引　庭前高步上金橋)
　　덕과인을 닦으오니 천룡성중 기뻐하고
　　염불하고 송경하니 온갖업장 소멸됐네
　　오늘다시 성현들이 친히맞아 주시오니
　　마당에서 높이뛰어 천상으로 오르리라

12. 신위도원공덕모(信爲道元功德母)
　　장양일체제선법(長養一切諸善法)
　　단제의강출애류(斷除疑網出愛流)
　　개시열반무상도(開示涅槃無上道)
　　믿음은 도의 근원이며 공덕의 어머니이요
　　온갖 착한 행위에 이른 길을 키워주네
　　의심의 그물을 끊고 애착을 벗어나서
　　위없는 열반의 길을 열어 보이네　(화엄경)

13. 삼계유여급정륜(三界猶如汲井輪)
　　백천만겁역미진(百千萬劫歷微塵)
　　차신불향금생도(此身不向今生度)
　　갱대하생도차신(更待何生度此身)
　　삼계는 마치 우물의 두레박 같아서
　　백천만겁이 끝없는 세월 지나 왔도다
　　이 몸 받아 금생에 제도하지 못하면
　　다시 어느 생에 이 몸을 제도할까!

14. 일종위배본심왕(一從違背本心王)
    기입삼노역사생(機入三道歷四生)
    금일척제번뇌염(今日洗滌煩惱染)
    수연의구자환향(隨緣依舊自還鄕)
    불성인 본심왕을 한 생각 무명으로 인해 등져
    긴 세월 욕계 색계 무색계와 사생육도의 윤회
    그 번뇌 망상의 때를 오늘 깨끗이 씻어 내면
    인연 따라 생사 없는 본래 고향의 자리로 돌아가리라

15. 옥토승침최로상(玉兎昇沈催老像)
    금오출몰촉년광(金烏出沒促年光)
    구명구리여조로(求名求利如朝露)
    혹고혹영사석연(或苦或榮似夕烟)
    달이 떴다가 지면서 늙음을 재촉하고
    해가 뜨고서 지면서 세월을 재촉하네
    명리를 구함 하루 아침의 이슬과 같고
    괴로움 또 영화로움 저녁 연기와 같네

16. 천척사륜직하수(千尺絲綸直下垂)
    일파재동만파수(一波纔動萬波隨)
    야정수한어불식(夜靜水寒魚不食)
    만선공재월명귀(滿舡空載月明歸)
    천자나 되는 낚싯줄 던저 곧게 드리우니
    한 물결 일때마다 모든 물결 따라 일어나고
    고요한 밤 강물 차가워 고기는 물지 않아
    빈 배 밝은 달빛만 가득 싣고 돌아오네

17. 아미타불재하방(阿彌陀佛在何方)
    착득심두절막망(着得心頭切莫忘)
    염도염궁무념처(念到念窮無念處)
    육문상방자금광(六門常放紫金光)
    아미타부처님은 어디 계시던고
    마음에 간직하여 간절히 잊지 말게나
    생각이 생각 없는 곳에 이르게 되면
    육근의 문에서 자금광의 빛이 나리라

18. 소유일체 중생지류 약난생 약태생 약습생 약화생 약유색
    (所有一切 衆生之類 若卵生 若胎生 若濕生 若化生 若有色)
    약무색 약유상 약무상 약비유상 비무상 아개영입 무여열반
    (若無色 若有想 若無想 若非有想 非無想 我皆令入 無餘涅槃)
    무릇 존재하는 모든 중생들, 난생, 습생, 태생, 화생, 유색,
    무색, 유상, 무상, 비유상, 비무상을 내가 모두 다 교화해서
    무여열반에 들게 멸도하겠다.

19. 응여시 생청정심 불응주색생심 불응주
    (應如是 生淸淨心 不應住色生心 不應住)
    성향미촉법생심 응무소주 이생기심
    (聲香味觸法生心 應無所住 而生其心)
    마땅히 이와 같이 청정한 마음을 내야 한다. 마땅히 형색에
    머물러 마음을 내지 말 것이요, 소리, 냄새, 맛, 감촉, 법에
    도 머물러서 마음을 내지 말 것이며, 마땅히 머무는 바 없이
    그 마음을 낼 것이다.

20. 내시시하물 거시시하물(來時是何物 去時是何物)
    내시거시 본무일물(來時去時 本無一物)
    욕식명명 진주처(欲識明明 眞住處)
    청천백운 만리통(靑天白雲 萬里通)
    올 때는 이 어떤 물건이 왔으며 갈 때는 어떤 물건인가
    올 때에도 갈 때에도 본래 한 물건도 없었으니
    밝고 밝은 나의 참 모습이 머무르는 곳은
    푸른 하늘에 흰 구름이 만리로 통하는 구나

21. 제악막작 중선봉행(諸惡莫作 衆善奉行)
    자정기의 시제불교(自淨其意 是諸佛敎)
    모든 악을 짓지 말고 온갖 선을 받들어 행하라
    스스로 그 뜻을 깨끗이 하는 것이 모든 부처님의 가르침이다

22. 가사백천겁 소작업불망(假使百千劫 所作業不亡)
    인연회우시 과보한자수(因緣會遇時 果報還自受)
    가히 백천겁이 지나더라도 한번 지은 업은 없어지지 않아
    때가되어 인연이 만나질 때 과보는 도리어 스스로 받는다

23. 제행무상 시생멸법(諸行無常 是生滅法)
    생멸멸이 적멸위락(生滅滅已 寂滅爲樂)
    모두가 무상하여 영원한 하지 않아 이는 나고 죽음의 법칙이라
    나고 죽는 일이 사라지면 이를 일러 고요한 즐거움이라 한다

24. 생본무생 멸본무멸(生本無生 滅本無滅)
    생멸본허 실상상주(生滅本虛 實相常住)

진리에는 본래 태어남이 없고 진리에는 본래 죽음이 없으며
나고 죽음은 본래 허망한 것이며 진리의 실상은 영원하도다

25. 악생어심환자괴형(惡生於心還自壞形)
    여철생구반식기신(如鐵生垢反食其身)
    깨끗한 마음에 악이 생겨 도리어 스스로 몸 무너지는 것이
    마치 쇠에서 녹이 생겨나 그 녹으로 몸을 썩히는 것과 같다

26. 심여공화사 능화제세간(心如工畵師 能畵諸世間)
    오온실종생 무법이불조(五蘊實從生 無法而不造)
    마음은 그림 그리는 화가와 같아 능히 세상사를 다 그려내고
    마음에서 모두 나오므로 그 무엇도 만들어 내지 못함이 없다

27. 여유빈인내구걸(如有貧人來求乞)
    수재궁핍무린석(雖在窮乏無悋惜)
    가난한 이가 와서 구걸하거든
    비록 넉넉하지 못하더라도 인색하지 말라

28. 금조수설타인과(今朝雖說他人過)
    이일회두논아구(異日回頭論我咎)
    오늘 다른 사람의 허물을 말한 것이
    다른 날 도리어 나의 허물을 말하는 것이지

29. 우심불학증교만   치의무수장아인
    (愚心不學增橋慢   痴意無修長我人)
    공복고심여아호   무지방일사전원
    (空腹高心如餓虎   無知放逸似顚猿)

어리석은 마음에 배우지 아니하면 교만한 마음이 늘고
어리석은 생각 닦지 아니하년 저 잘 난체만 커져
주린 배에 잘 난체하는 마음이 마치 주린 범과 같고
아는 것도 없이 게으름은 마치 거꾸로 매달린 원숭이와 같다

30. 수비지조 홀유라망지앙(數飛之鳥 忽有羅網之殃)
    경보지수 비무상전지화(輕步之獸 非無傷箭之禍)
    자주 나는 새는 홀연히 그물에 걸리는 위험이요
    가벼이 날뛰는 짐승은 화살에 맞을 재앙이니라

31. 수문선악 심무동념(雖聞善惡 心無動念)
    무덕이피찬 실오참괴(無德而被讚 實吾慙愧)
    칭찬하고 헐뜯는 말에 마음이 흔들리지 말라
    덕이 없는 칭찬은 참으로 부끄러운 일이다

32. 탁명종락우죽비   봉비은산철성외
    (鐸鳴鐘落又竹篦   鳳飛銀山鐵城外)
    약인문아희소식   회승당리만발공
    (若人聞我喜消息   會僧堂裏滿鉢供)
    목탁소리 종소리 죽비소리 어울리니
    은산철벽의 성 밖으로 봉황새 날아가네
    만약 누가 내게 기쁨 소식을 물으면
    스님들 모여 바루공양 가득 올린다 하리라

33. 철위산간옥초산   화탕노탄검수도
    (鐵圍山間沃焦山   火湯爐炭劍樹刀)

팔만사천지옥문　장비주력금일개
(八萬四千地獄門　仗秘呪力今日開)

쇠로된 산과 이 사이에 있는 지옥
큰 바다 속은 항상 불타고 있다
끓는 물의 팔만 사천 가지의 지옥문이
오늘 신비한 법문의 힘으로 열리도다

34. 화탕풍요천지괴　요요장재백운간
　　(火蕩風搖天地壞　寥寥長在白雲間)
　　일성휘파금성벽　단향불전칠보대
　　(一聲揮破金城壁　但向佛前七寶臺)

불길에 태우고 바람 불어 천지가 무너져도
고요하고 고요함이 흰 구름사이에 그냥 있도다
염불하는 한소리가 쇠로 된 성벽을 허물고
다만 아미타 부처님의 칠보궁전을 나툼이라

35. 찰진심념가수지　대해중수가음진
　　(刹塵心念可數知　大海中水可飮盡)
　　허공가량풍가계　무능진설불공덕
　　(虛空可量風可繫　無能盡設佛功德)

세상티끌 온갖 생각 세어서 알고
넓은 바다 가득한 물 모두 마시며
허공을 헤아리고 바람을 묶는다 해도
부처님의 크신 공덕은 다 말할 수 없다

36. 약인욕요지 삼세일체불 응관법계성 일체유심조
　　(若人慾了知 三世一切佛 應觀法界性 一切唯心造)

만약 사람이 삼세의 모든 부처님을 알고자 한다면
마땅히 법계의 성품이 모두 마음으로 된 줄 알라

37. 내무고내 여랑월지영 현천강
(來無所來 如郎月之影 現千江)
거무소거 약징공이형 분제찰
(去無所去 若澄空而形 分諸刹)
와도 온 바가 없고 밝은 달그림자 천개의 강물에 비치는 것 같아
가도 간 바가 없이 밝은 허공에 여러 형체가 시방세계 나툼이다

38. 답설야중거 불수호란행(踏雪野中去 不須胡亂行)
금일아행적 수작후인정(今日我行跡 遂作後人程)
눈 내린 들판에 발걸음을 함부로 어지러이 걷지 마라
오늘 나의 발자국은 반드시 뒷사람의 이정표가 된다

39. 승사선우여부모(丞事善友如父母)
원리악우사원가(遠離惡友似寃家)
착한 벗 섬기기를 부모 같이 하고
악한 벗은 원수같이 멀리 하라

40. 관익대자심익소(官益大者心益小)
도익고자의익비(道益高者意益卑)
벼슬이 높으면 높을수록 마음을 낮게 가지고
인격이 높으면 높을수록 뜻은 더욱 겸손하라

41. 대원경상절친소(大圓鏡上絶親疏)
평등성중무피차(平等性中無彼此)

큰 거울 위 텅 비어 있듯이
평등한 성품가운데 너와 내가 없다오

42. 범소유상 개시허망 약견제상비상 즉견여래
    (凡所有相 皆是虛妄 若見諸相非相 卽見如來)
    모든 형상 있는 것은 모두가 허망하니
    모든 형상을 본래 형상이 아닌 것을 알면
    곧 진실한 모습인 부처님을 보게 된다

43. 일체유위법 여몽환포영 여로역여전 응작여시관
    (一切有爲法 如夢幻泡影 如露亦如電 應作如是觀)
    모든 현상들은 꿈과 같고 허깨비와 같고 물거품과 같고
    그림자와 같고 이슬과 같고 번개와 같음으로 통찰하라

44. 약이색견아 이음성구아 시인행사도 불능견여래
    (若以色見我 以音聲求我 是人行邪道 不能見如來)
    만약 형색으로써 나를 보려하거나 음성으로써
    나를 구하거나 하면 이 사람은 사도를 행함이라

45. 제법종본래 상자적멸상 불자행도이 내세득작불
    (諸法從本來 常自寂滅相 佛子行道已 來世得作佛)
    모든 법이 본래부터 그대로이며 그대로 열반 이니라
    불자가 간절한 수행으로써 열반을 증득하고자
    오는 세상에 반듯이 부처를 이루리라

46. 실상이명 법신무적 종연은현 약경상지유무
    (實相離名 法身無跡 從緣隱現 若鏡像之有無)

참 모습은 이름을 떠나 있고 법신은 자취가 없건만
인연 따라 오고 감이 거울에 비친 모양과 같도다

47. 제법공상 불생불멸 불구부정 부증불감
(諸法空相 不生不滅 不垢不淨 不增不減)
모든 법의 공한 모양은 생기지도 않고 소멸하지도 않은 것이며,
더럽지도 않고 깨끗하지도 않은 것이며, 불어나지도 않고 줄어
들지도 않은 것이다.

48. 욕지전생사 금생수자시(欲知前生事 今生受者是)
욕지내생사 금생작자시(欲知來生事 今生作者是)
전생의 일을 알고자 하는가, 금생에 겪고 있는 그것이며
내생의 일을 알고자 하는가, 금생에 짓고 있는 그것이다

49. 약보살 부주상보시 기복덕 불가사량
(若菩薩 不住相布施 其福德 不可思量)
만약 보살이 형상에 머무름이 없이 보시를 하면
그 복덕은 가히 생각으로 헤아릴 수 없다.

50. 즉심즉불송월로   비불비심물외옹
(卽心卽佛松月老   非佛非心物外翁)
마음이 곧 부처라 한 것은 소나무 달은 늙은이고
부처도 마음도 아니라한 것은 세속밖의 노인이라네

51. 선지서천위골수   교설동토작생황
(禪指西天爲骨髓   敎說東土作笙簧)

선사의 뜻은 서천의 골수가 되었고
가르침과 말씀은 우리나라의 생황이 되었네

52. 인생도처지하사 응사비홍답설니
(人生到處知何似 應似飛鴻踏雪泥)
니상우연유지조 비홍나부계동서
(泥上偶然留指爪 飛鴻那復計東西)
인간 한평생 무엇과 같은지 아는가
눈 녹은 위를 밟은 기러기 발자국
눈 위에 우연히 발자국 남기지만
날아간 기러기 어디로 갔는지 어찌 알까

53. 일념소소불기년 피부탈락자완전
(一念蕭蕭不記年 皮膚脫落自完全)
장천야야청여경 만리무운고월원
(長天夜夜清如鏡 萬里無雲孤月圓)
한 생각이 소소하니 세월을 모르겠고
피부가 벗겨져도 그대로 온전하다
밤새도록 망상이 없으니 거울처럼 맑구나
구름 없는 하늘에 뜬 달은 홀로 둥글도다

54. 공수파서두 보행기수우 인종교상과 교류수불류
(空手把鋤頭 步行騎水牛 人從橋上過 橋流水不流)
호미자루 들고 있으나 빈손이며 걸어가고 있는 물소를 타고
사람이 다리 위를 지나지만 흐리지 않는 물에 다리는 흘러
가네

249

55. 암전석호포아면　철사찬입금강안
(巖前石虎抱兒眠　鐵蛇鑽入金剛眼)
곤륜기상로자견　암피개젠삼천계
(崑崙騎象鷺鷥牽　眼皮蓋盡三千界)
비공능식백억신　(鼻孔能識百億身)
바위 앞에 호랑이는 아기를 안고 졸고 있어
쇠뱀과 금강력사(力士)는 눈 속을 뚫고 드나드니
곤륜산이 코끼리를 타고 자고새가 몰고 가는구나
내 눈은 삼천대천세계 다 뒤덮고 있어
코구멍으로는 부처님의 천백억 화신을 알고 있도다

56. 원중화소성미청　임중조체루난관
(園中花笑聲未聽　林中鳥涕淚難觀)
죽영소계진부동　월천담저수무흔
(竹影掃階塵不動　月穿潭底水無痕)
정원에 꽃은 웃고 있어도 웃음소리 들리지 않고
숲속에 새는 울고 있어도 눈물이 보이지 않는다
대 그림자 섬돌을 쓸어도 티끌 하나일지 않고
달빛 연못 바닥 꿰 뚫지만 물에 흔적조차 없구나

57. 일념보관무량겁　무거무래역무주
(一念普觀無量劫　無去無來亦無住)
여시요지삼세사　초제방편성십력
(如是了知三世事　超諸方便成十力)
일념으로 무량겁을 관하노니
가고 옴도 없고 머무름도 없다

이처럼 삼세의 일을 모두 안다면
모든 방편을 초월하고 부처가 되리라

58. 유산유수승용호   무시무비반죽송
   (有山有水乘龍虎   無是無非伴竹松)
   영축석증몽수기   이금회재일당중
   (靈鷲昔曾蒙授記   而今會在一堂中)
   산과 물이 있어 용과 호랑이가 즐기고
   시비가 없어 송죽을 벗하여
   옛적 영축산에서 수기 받은
   이들이 지금 한 집에 모여 있네

59. 천운만수간 중유일한사 백일유청 산야귀암하수
   (千雲萬水間 中有一閑士 白日遊靑 山夜歸巖下睡)
   천조각 구름 만 갈래 물 사이 그곳에 사는 한가한 도인 있어
   대낮에는 청산에서 노닐고 밤이면 돌아와 바위 아래 잠든다

60. 영통광대혜감명   주재공중영무방
   (靈通廣大慧鑑明   住在空中映無方)
   나열벽천임찰토   주천인세수산장
   (羅列碧天臨利土   周天人世壽算長)
   신통력과 광대한 지혜로 밝게 살피시고
   허공중에 머물면서 비추지 않는 곳 전혀없어
   푸른 하늘에 나열하여 곳곳마다 내리시어
   하늘과 인간 세상 수명과 복을 길게 하시네

61. 입차문래마존지해   무해공기대도성만
(入此門來莫存知解   無解空器大道成滿)
이 문을 들어오거든 알음알이를 피우지 말라.
알음 알이 없는 빈 그릇이 큰 도를 이루리라.

62. 염불반잡풍성량   야색전분월색명
(念佛半雜風聲凉   夜色全分月色明)
사업일로향화족   생애삼척단장영
(事業一爐香火足   生涯三尺短杖嬴)
염불소리 바람소리 어우러져 시원한데
야경의 온 천지가 달빛으로 밝구나
할 일은 향로에 향 사르는 것으로 족하고
생애에 남은 것은 석자 지팡이 하나 뿐이로세

63. 천금지석산위침   월촉운병해작준
(天衾地席山爲枕   月燭雲屛海作樽)
대취거연잉기몽   각혐장유괘곤륜
(大醉居然仍起舞   却嫌長袖掛崑崙)
하늘은 이불 땅은 자리 산은 베개로 삼으니
달은 등불 구름은 병풍 바다는 술통이 되네
크게 취해 거연히 일어나 춤을 추니
어허! 소매자락 길어서 곤륜산에 걸릴라

64. 영산석일여래촉   위진강산도중생
(靈山昔日如來囑   威振江山度衆生)
만리백운청장리   운거학가임한정
(萬里白雲靑嶂裡   雲車鶴駕任閑情)

영산회상 법회에서 여래의 부촉 받아
강과 산을 넘나들며 중생들을 제도하니
높고 높은 봉우리에 하얀 구름 걸쳐
학과 구름 타고 가며 한가롭게 지낸다오

65. 타파허공출골 전섬광중작굴 유인문아가풍 차외갱무별분
   (打破虛空出骨 電閃光中作窟 有人問我家風 此外更無別分)
   허공을 쳐부수고 뼈다귀를 서 번갯불 속에 집를 마련하니
   누가 이내 가풍 물어온다면 이밖에 다른 별난 것이 없다 하리

66. 정저니우후월 운간목마시풍 파단건곤세계 수분남북서동
   (井底泥牛吼月 雲間木馬嘶風 把斷乾坤世界 誰分南北西東)
   우물 밑 진흙 소 달을 향해 울고 구름 사이 목마울음 바람스치며
   이 하늘 이 땅을 움켜잡나니 누가 서쪽이라 동쪽이라 가름하는가

67. 용음고목유생희   촉수생광식전유
   (龍吟枯木猶生喜   髑髏生光識轉幽)
   뇌락일성공분쇄   월파천리방고주
   (磊落一聲空粉碎   月波千里放孤舟)
   용은 고사목을 오히려 살아있는 듯 기쁘게 읊으며
   해골에서는 그윽한 알음알이의 빛 생기도다
   선선한 한마디 하늘 부스러뜨리며
   달그림자는 작은 배 천리나 멀리 띄워 보내네

68. 아인망처초삼계   대오진공증법신
   (我人妄處超三界   大悟眞空證法身)

무영수두화란만   청산의구겁전동
(無影樹頭和蘭滿   靑山依舊劫傳冬)
나와 남을 잊은 곳에 삼계를 뛰어넘고
참다운 공성을 대오하며 법신을 증득하네
그림자 없는 나무에 꽃이 찬란하고
청산은 옛과 같이 세월 밖의 겨울이로다

69. 미생지전수시아   아생지후아위수
    (未生之前誰是我   我生之後我爲誰)
    장대성인재시아   합안몽롱우시수
    (長大成人纔是我   合眼朦朧又是誰)
    이몸이 나기 전 그 무엇이 나이며
    세상에 태어난 뒤 나는 과연 누구런가
    자라나 성인 된 후 그야말로 내러더니
    눈감으면 몽롱한데 또한 이는 누구런가

70. 자종금신지불신   견지금계불훼범
    (自從今身至佛身   堅持禁戒不毁犯)
    유원제불작증명   영사신명종불퇴
    (唯願諸佛作證明   寧捨身命終不退)
    지금부터 이 몸이 부처가 될 때까지
    계율 굳게 지켜 범하거나 훼손하지 않겠나이다
    원컨대 모든 부처님께서 증명을 해 주소서
    목숨을 다 바쳐도 물러나지 않을 겁니다

71. 가차사대이위신   심본무생인경유
    (假借四大以爲身   心本無生因境有)

전경악무심역무　죄복여환기역멸
(前境若無心亦無　罪福如幻起亦滅)
사대를 빌려서 몸으로 삼았고
마음은 본래 생겨나지 않았으나
대상을 따라서 있게 되었네
앞에 대상이 없다면 마음 또한 없으니
죄와 복도 환술과 같아 생겼다가 사라지네

72. 기제선법본시환　조제악업역시환
　　(起諸善法本是幻　造諸惡業亦是幻)
　　신여취말심여풍　환출무근무실상
　　(身如娶沫心如風　幻出無根無實相)
　　모든 착한 법 일으키는 것도 본래 환술이요
　　온갖 악업 짓는 것 또한 환술이네
　　몸은 물거품과 같고 마음은 바람과도 같으니
　　환술로 생겨난 것에는 근본도 실상도 없네

73. 신종무상중수생　유여환출제형상
　　(身從無相中受生　猶如幻出諸形相)
　　환인심식본래무　죄복개공무소주
　　(幻人心識本來無　罪福皆空無所住)
　　몸은 형상이 없는 데에서 생겨나니
　　환술이 온갖 형상을 만들어낸 것과 같네
　　환술로 만들어진 사람에게는 마음이 본래 없어
　　죄와 복은 모두 공하여 머물 곳이 없네

74. 견신무실시불견　　요심여환시불료
    (見身無實是佛見　　了心如幻是佛了)
    요득신심본성공　　사인여불하수별
    (了得身心本性空　　斯人與佛何垂別)
    몸이 실체가 없음을 보는 것이 부처님의 봄이요
    마음이 허깨비 같음을 깨닫는 것이 부처 이룸이라
    몸과 마음의 본성이 공한 줄 안다면
    이 사람이 부처와 무엇이 다르랴!

75. 불불견신지시불　　약실유지별무불
    (佛不見身知是佛　　若實有知別無佛)
    지자능지죄성공　　탄연불포어생사
    (智者能知罪性空　　坦然不怖於生死)
    부처란 몸을 보지 않아도 부처인 줄 알지만
    만약 진실로 안다면 부처가 따로 없네
    지혜로운 이는 죄의 성품이 공한 줄 잘 알아서
    걸림이 없이 생사에 대해 두려워하지 않네

76. 일체중생성청정　　종본무생무가멸
    (一切衆生性淸淨　　從本無生無可滅)
    즉차신심시환생　　환화지중무죄복
    (即此身心是幻生　　幻化之中無罪福)
    일체중생의 성품이 청정하여서
    본래부터 안 나거나 없는 멸함이다
    곧 이 몸과 마음, 이 허깨비에서 났으니
    허깨비에게는 본래 없는 죄와 복이다

77. 무법법역법 법본법무법 금부무법시 법법하증법
   (法本法無法 無法法亦法 今付無法時 法法何曾法)
   법이라는 본래의 법엔 없는 법이나
   없다는 법의 법 또 한 법이라
   이제 전해 준다는 없는 법일 때
   법을 법이라 한들 어찌 법이랴

*불입문자(不立文字)
 문자를 내세우지 말라

*교외별전(敎外別傳)
 문자 밖에 있음을 전하라

*직지인심(直旨人心)
 사람의 마음 똑바로 가르켜라

*견성성불(見性成佛)
 성품을 봐야 부처다

*심즉시불(心卽是佛)
 마음이 곧 부처다

*이심전심(以心傳心)
 마음과 마음으로 전하라

*시심마(是甚麽)
  이 뭣고!

*확연무성(廓然無聖)
  본질은 텅 비어 성스러울 게 없다

*즉심시불(卽心是佛)
  마음, 그것이 부처다

*직지인심 견성성불(直指人心 見性成佛)
  사람의 마음을 직시하여 본성을 보면 성불이다

*일체유심조(一切唯心造)
  모든 일은 마음먹기에 달려있다

*일일시호일(日日是好日)
  날마다 날마다 좋은 날이다

*자실인의(慈室忍衣)
  자비로써 집을 삼고 인욕으로 옷을 삼어라

*심심심난가심(心心心難可心)
  마음 마음 마음 참으로 어려운 것이 마음이구나

*평상심시도(平常心是道)
  쓰고 있는 평상심이 곧 도이다

*이고득락(離苦得樂)

괴로움에서 벗어나 즐거움을 얻으리라

*상락아정(常樂我淨)

내가 깨끗하면 세상은 늘 즐겁다

*일인장락(一忍長樂)

참으면 즐거움은 영원하다

*불기자심(不欺自心)

자신을 속이지 말라

*선용기심(善用其心)

그 마음 잘 써라

*항복기심(降伏其心)

그 마음 항복 받아라

*대도무문(大道無門)

큰 마음에 문이 없다

*조고각하(照顧脚下)

걸어온 발자취를 잘 살펴라

*인인성사(人人成事)

사람과 사람으로 모두가 이루어 진다

*처염상정(處染常淨)
세상에 오염되지 마라

*끽다거(喫茶去)
차나 마시고 가게나

*오유지족(吾唯知足)
나는 만족을 안다

*휴거헐거철수개화(休去歇去鐵樹開花)
쉬어가고 쉬어가라 쇠 나무 꽃이 피리라

*만법귀일일귀하처(萬法歸一 一歸何處)
만법은 하나로 돌아가는데 하나는 어디로 돌아 가는고?

*불견일법 견여래(不見一法 見如來)
하나의 법을 **봄이 없이 보면 여래를 보리라**

*응무소주이생기심(應無所住而生其心)
마음이 일어날 때 응당 그곳에 머물지 마라

*수처작주 입처개진(隨處作主 立處皆眞)
있는 그 곳에 주인이 되라 그곳은 참된 진리이다

*일일불작 일일불식(一日不作 一日不食)
하루 일하지 않으면 하루 먹지 말라

*불사선 불사악(不思善 不思惡)
  좋은 생각도 하지 말고 나쁜 생각도 하지마라

*수구섭의신범막(守口攝意身莫犯)
  입을 지키고 생각은 붙들고 몸으로 범하지 마라

*유구이몽훼 성아흔연(有咎而蒙毀 誠我欣然)
  허물이 있어 시비를 듣는 것은 참으로 기뻐 할 일이다

*여사자신중충 자식사자육
  (如獅子身中蟲 自食獅子肉)
  지혜로운 사자는 싸워서 죽는 것이 아니라
  자신의 몸에 자라는 기생충에 의해 죽는다

*신수육적고 혹타악취즉극신극고
  (身隨六賊故 或墮惡趣則極辛極苦)
  눈.귀.코.입.몸.생각은 도적이요, 인생살이 삶이 생지옥이다

*학무오붕지계 붕기추우지모
  (鶴無烏朋之計 鵬豈鳥友之謀)
  학은 까마귀와 함께 하지 않는데
  붕새가 어찌 뱁새와 벗을 할까보냐

*종일수타보 자무반전분(終日數他寶 自無半錢分)
  종일토록 남의 재물 셈하지만 내것은 반푼도 없구나

*삼일수심천재보 백년탐물일조진
(三日修心十載寶 百年貪物一朝塵)
 삼일 동안 닦은 마음 천년의 보배요
 백년 동안 탐한 재물 하루아침에 먼지로다

*재색지화심어독사(財色之禍甚於毒蛇)
 재물과 색욕은 재앙이 독보다 더 무섭다

*약문해인언 여훼부모성(若聞害人言 如毁父母聲)
 만약 남을 해롭게 하는 말을 듣거든
 마치 나의 부모를 비방하는 말처럼 들어라

*초발심시변정각 (初發心時便正覺)
 처음 일으킨 마음이 부처의 마음이다

*백척간두진일보(百尺竿頭進一步)
 절벽에서 한 발을 내딛는 용기를 가져라

*모든 생명들의 소리와 동작은
 초조와 불안에서 비롯된다

*나는 정말 잘 될 거야

*나는 늘 행복 합니다

*나는 누구인가

*내가 누구지!

*늘 깨어 자신을 보라

*멍텅구리 멍텅구리 이것도 저것도 모르는 멍텅구리

*내가 이런 사람이었구나

*나는 너무 많이 가지고 있었구나

*성공은 자신의 그림자이다

*인생을 자신에게 투자하라

*세상은 마음먹기에 달려있다

*불행과 행복은 나의 한 생각이다

*운명에 주인은 자신이다 주인이 되어라

*행복의 열쇠 주인이 바로 자신이다

*자신을 아는 사람은 성공한다.

*기적은 한 생각 신념이 있다.

*자신의 지혜는 교만의 티끌에 묻친다

*어리석으면 실패에서 계획을 놓친다

*자신을 바로 보는 습관이 두려움 없는 삶이다

*걱정은 두려움에서 일어난다

*불행은 만족을 모르는 데서온다

*죽음에 대한 두려움이 패망을 부르는 텔레파시다

*나의 변신은 죄가 없으며 신념 그 자체이다

*문제점을 극복하려는 사람이 재산을 부른다

*무지의 신념은 세상의 최악이다

*스승이 되고자 하면 스승을 따르라

*자기 일념에 잠재의식은 좌우가 된다

*세상에서 제일 중요한 자본은 숙고하는 삶이다

*잠이 깨이면 맨 먼저 마음의 소리를 들어라

*길은 뜻을 세우는 그 마음에 있다

*기회는 자신이 원하는 곳에 있다

*남보다는 나 자신을 스승으로 삼아라

*자신을 아는데서 성공은 시작되어 간다

*성공하는 사람은 자신의 불행을 일부로 받아 들인다

*모든 어려움은 그물에 걸리지 않는 바람과 같다

*성 본능은 성공 그 자체이다 잘 길 드려라

*성 본능처럼 욕망이 크면 클수록 성공이 커진다

*나의 몸을 아끼려 거든 바른 법을 배워라

*아주 작은 눈길에서 부자가 시작이 된다

*성공은 할 수 있다 약속은 오직 신념이다

*세상으로부터 사랑을 받고자 하면 승자가 되라

*실패하는 사람은 사랑할 줄 모르기 때문이다

*기회를 불행으로 오인되기 때문에 꽤 많이 실패를 한다

*성공은 만드는 것이지 운명적으로 타고나지는 않는다

*부자가 되려는 욕망은 사실 창의력이다

*마음의 그림자가 모든 공포와 두려움이다

*인공지능에 지배되어갈 때 인성으로 회복하는 길이다

*보고 듣고 맛보는 일 모두가 죄 아님이 없다

*스스로 죄업을 벗지 못하면 타인의 죄업은 풀 수 없다

*인생은 초대 없이 왔다가 허락 없이 떠나간다

*그리도 집착 하고 하는가 애착을 내려 놔라

*남보다 나아질 수 없는 것은 남과 같아서다

*자신을 소중히 여길 때 세상도 나를 소중히 여긴다

*사랑하고 미워하는 차별은 죄업이 더욱 많아진다

*슬픈 근심 사라지고 무생법인 축복을 이루소서

*남을 돕는 일은 자신을 이롭게 하는 일이다

*이웃이 아프니 내가 아프다

*이 내 소원 다 하리까 행복하소서

*세상일에 물 안 들고 모든 생명 보호하리라

*원수 맺고 빚 진이들 무진 복락을 누리소서

*내 모양 보는 이나 내 이름 듣는 이 모두 행복하소서

*사람 몸 받기 어렵거늘 그리도 게으름 피우는가

*남의 허물을 말하지 말라 자신의 몸을 해롭게 한다

*불리하다고 비굴하지 말고 유리하다고 교만하지 말라

*원망을 원망으로 갚지 말라 다시 갚음으로 돌아온다

*나약하면 남이 업신여기고 사나우면 남이 꺼려한다

*태산같이 자부심을 가지려면 누운 풀처럼 자신을 낮추어라

*잘 하는 일 없이 칭찬을 받는 것은 부끄러운 일이다

*형편이 잘 풀릴 때 조심하고 재물을 오물처럼 볼 줄 알아라

*역경을 참아 이겨내고 터지는 분노를 잘 다스려라

*지나치게 인색하지 말고 이익을 위해 남을 모함하지 말라

*그른 길만 찾아다녀 여러 생애 지은 업장 많기도 하다

*나는 모두가 인연복(因緣福)으로
 이웃들의 덕분임을 알게 되었습니다

*나는 인연법을 몰라 모두가 애초부터
 우연한 사건이라 착각하였습니다

*나는 지난 세월 지은 공덕이 적어
 이제부터 부지런히 노력하겠습니다

*나는 지금 전생과 금생과 내생의 업보를
 소멸하기 위하여 지켜 봅니다

*나는 마음을 가볍게 하는 감정들을
  하나하나 살펴서 정리하겠습니다

*나는 진실한 마음을 외면하던
  헛된 망상들을 모두 지우겠습니다

*나는 나쁜 생각과 감정을 마치 오래된
  소지품 정리하듯 하겠습니다

*나는 자만심도 버리고 잘났다는
  집착도 버리고 아집도 버리겠습니다

*나는 인과를 몰라 못났다는 패배의식과
  열등감이 망쳤음을 알겠습니다

*나는 자연에 순응을 모르고 인색하여
  자비심이 없음을 알겠습니다

*나는 욕먹게 살도록 하였음이
  어리석음 였음을 이제야 알겠습니다

*나는 사는데 욕먹지 않고 사는 것이
  지혜임을 이제야 알겠습니다

*식욕과 성욕은 근본 번뇌라 하여
  성공하는 세속적인 삶 자체가 악(惡)입니다

*나는 시기심과 인색함으로
  이웃의 고마움을 잊었음을 돌이켜 봅니다

*나는 인생을 잘못 살아온 것이
 지나간 업의 과보라 원망하여 왔습니다

*나는 사람들 사이를 가로막고 있는
 관념이나 편견을 버리겠습니다

*나는 사람들 사이을 가로막고 있는
 부정적인 생각을 지우겠습니다

*나는 진실로 불행하게 만드는
 생각이나 감정의 싹을 자르겠습니다

*나는 화나게 하고 외롭게 만드는
 생각이나 판단을 모두 버리겠습니다

*나는 즐겁음과 행복을 만드는
 긍정적인 생각을 잘 보관하겠습니다

*나는 진실로 행복하게 만드는
 생각이나 감정의 싹을 잘 기르겠습니다

*나는 진실로 행복하고 건강하게 만들어
 가겠노라 약속 하였습니다

*나는 이 세상의 주인이고 나를 살게하는
 부처였음을 알겠습니다

*나는 작은 인연이지만 오늘부터 크게키워
 (佛法僧) 삼보께 귀의합니다

*나는 중생계과 중생의 업과 중생의 번뇌가
 다 하기를 기원합니다

*꿀벌이 꽃을 따올 때 향기와 꽃잎을 해치지 않듯
 지혜로운 사람은 사람 사이를 오고가며 상처 주지 안는다.

*어질면 죽이지 않는 것 말을 삼가 본심을 지켜라
 그것은 영원히 사는법 가는 곳마다 걱정과 두려움이 없다.

*나를 욕하고 꾸짖더러도 네가 이기고 내가 졌어도
 가볍게 마음에 즐거움 두면 원한이 마침내 사라지리라.

*남의 허물 꾸짖기 좋아하고 스스로 자신의 잘못을 힘써라
 만일 이렇게 알고 행하면 길이 잊으리 환란은 없어지리라.

*무거운 바윗돌을 바람이 흔들지 못하듯
 슬기로운 이는 뜻이 굳세어 헐뜯고 칭찬으로 움직이지 못한다.

*이승에서 기쁘고 저승에서 기쁘고 착한 일한 사람 모두 기쁘다
 기쁘고 즐거움이 가득한 마음 보는 것 마다 복이요 마음 편해라.

*지붕을 잘 덮지 못하면 비올 때 물이 새나니
 마음을 삼가지 못하면 탐욕의 쌌이 뚫고 나오리라.

270

*악한이 사람을 물드리는 것은 나쁜 냄새 가까이 하는 것 같아
 조금씩 미혹돼 잘못을 익히다가 알지도 못할 사이 악이이 된다.

*자기를 이기는 것이 가장 어진 사람으로 그가 사람중에 왕이다
 생각을 다스리고 몸을 길드리면 처음부터 끝까지 자기를 이루리라.

*탐하지 말라 다투지 말라 내용의 쾌락에 빠지지 말라
 마음이 언제나 흔들리지 않으면 큰 즐거움 길이길이 얻으지리라.

*잠못 이룰 때 밤 더욱 길고 다리가 피곤할 때 길은 더욱 멀다
 바른 법 알지 못해 어리석으면 생사의 그 밤은 더욱 길고 길어라.

*죄와 허물이 여물기 전에는 어리석은 사람에게 좋은 일만 생기나
 그 죄와 열매 익어서 떨어진 뒤 무서운 죄 받고 비로소 탄식한다.

*활 만드는 사람은 활을 다루고 사공은 배를 다룰줄 알고
 목수는 나무를 다듬지만 지혜있는 사람은 자신을 다룬줄 안다.

*하느님이 비록 높다 하지만 신이나 마왕이나 범천이다 하지만
 자기 자신을 이긴 승자에게는 이길수도 대항 할수도 없다.

*모든 생명은 죽음을 두려워하고 채찍의 아픔을 무서워한다
 자기를 아끼고 용서하듯 남을 용서해 죽이거나 때리지 마라.

*차라리 불에 달은 돌을 삼키고 녹아 흐르는 쇳 물을 마실지언정
 악행하는 더러운 이 몸으로 어찌 남의 정성과 도움을 받으라.

*뱀이 허물을 훌적 벗듯이 마음의 나쁜 생각 벗어 버려라
너러운 욕심 씻어낸 사람 잠으로 마음 닦는 염불 행자이니라.

*몸에 병 없기를 바라지 말라.
몸에 병이 없으면 탐욕이 생기기 쉽나니,
병고로써 양약을 삼으라」

*세상살이에 곤란함이 없기를 바라지 말라.
세상살이에 곤란함이 없으면 업신여기는
마음과 사치한 마음이 생기나니,
「근심과 곤란으로써 세상을 살아가라」

*공부하는데 마음에 장애 없기를 바라지 말라.
마음에 장애가 없으면 배우는 것이 넘치게 되나니,
「장애 속에서 해탈을 얻으라」

*수행하는데 마(魔)가 없기를 바라지 말라.
수행하는데 마가 없으면 서원이 굳건해지지 못하나니,
「모든 마군으로서 수행을 도와주는 벗을 삼으라」

*일을 꾀하되 쉽게 되기를 바라지 말라.
일이 쉽게 되면 뜻을 경솔한데 두게 되나니,
「오랜세월을 겪어서 일을 성취하라」

*친구를 사귀되 내가 이롭기를 바라지 말라.
내가 이롭고자 하면 의리를 상하게 되나니
그래서 성인이 말씀하시되 「순결로써 사귐을 길게 하라」

*남이 내 뜻대로 순종해주기를 바라지 말라.
 남이 내 뜻대로 순종해주면 마음이 스스로 교만해지나니,
「내 뜻에 맞지 않는 사람들로서 원림을 삼으라」

*공덕을 베풀려면 과보를 바라지 말라.
 과보를 바라면 도모하는 뜻을 가지게 되나니,
「덕을 베푸는 것을 헌신처럼 버리라」

*이익을 분에 넘치게 바라지 말라.
 이익이 분에 넘치면 어리석은 마음이 생기나니,
「적은 이익으로서 부자가 되라]

*억울함을 당해서 밝히려고 하지 말라.
 억울함을 밝히면 원망하는 마음을 돕게 되나니,
「억울함을 당하는 것으로 수행하는 문을 삼으라」

*님에게는 아까운 것 없이
 무엇이나 바치고 싶은 이 마음
 거기서 나는 보시(布施)를 배웠노라.

*님께 보이자고
 애써 깨끗이 단장하는 이 마음
 거기서 나는 지계(持戒)를 배웠노라.

*님이 주시는 것이면
 때림이나 꾸지람이나 기쁘게 받는 이 마음
 거기서 나는 인욕(忍辱)을 배웠노라.

*천하에 많은 사람가운데
 오직 님만을 사모하는 이 마음
 거기서 나는 정진(精進)을 배웠노라.

*자나 깨나 쉴 새 없이 님을 그리워하고
 님 곁으로만 도는 이 마음
 거기서 나는 선정(禪定)을 배웠노라.

*내가 님의 품에 안길 때에
 기쁨도 슬픔도 님과 나의 존재도 잊을 때에
 거기서 나는 살바야(智慧)를 배웠노라.

*인제 알았노라.
 님은 이 몸께 바라밀을 가르치려고
 짐짓 애인(愛人)의 몸을 나툰
 부처님이시라고.

*내 만일 서원이 굳건해는 날
 천하를 다스며 부처님께 신명을 다해 예경하며
 가난한 자를 구하고 스님을 받들어
 외로운 영혼 모두 빠짐없이 제도하리라.

*마음으로 곳곳을 찾아 다녀 보아도
 자신보다 더 소중한 것을 만날 수 없다
 모든 생명들은 자신을 가장 사랑한다
 자신을 사랑하려거든 남을 해쳐서는 않된다.

*마음 마음 마음이여
 범부의 마음 펄럭이니
 성인의 뜻 다 비웠네
 부처님 계시는 곳에도 머물지 않고
 부처님 없는 곳에도 그냥 지나가네
 천 개의 눈으로도 보기 어렵고
 만 개의 손으로도 만질 수 없네
 백가지 새들은 꽃을 물어오고
 천가지 나비가 춤을추니
 이것이 무엇인고 화장 장엄세계로다

*술은 자기를 만나야 마시고
 시는 멋이 통해야 서로 읊조리네
 그래도 뭔가 허전하니
 곡차 한잔 한순배 마시게나

*높은 산 험준한 절벽은
 지혜 있는 사람이 거처할 곳이고
 푸른소나무 달빛아래 깊은 골짜기는
 마음닦는 수행자가 살아갈 곳이라네

*뜬 구름 같은 부귀영화 달팽이 같거늘
 대장부 그 무엇을 위해 군림하랴
 자신에게 속지 말고 허공을 더럽히지 말라
 사람사람 원망하는 생각 품지마라
 칼로 물을 자른들 물은 흔적도 없다네

*밤길 걸을 때 흰 것은 밟지 마소
 물이 아니면 돌이올시다
 마음대로 노닐고 인연 따라 지내라
 범부 버릇 버릴뿐 성인 공부 따로 있을까

*홀연히 생각하니 도시 몽중(夢中)이로다
 천만고 영웅호걸 북망산이 무덤이요
 부귀문장 쓸데없다 황천객을 면할소냐
 오호라 이내 몸이 풀 끝의 이슬이요
 바람 속에 등불이라

*도는 바로 그대 눈속에 있거늘
 달마대사 오신 뜻 따로 찾는가
 목마르면 물 마시고 배고프면 밥 먹고
 언제나 떳떳한걸 어데서 찾고 있단 말인가

*밤마다 부처와 잠자고
 아침이 되면 함께 일어난다
 부처 간곳 알려거든
 말하고 움직이는 곳을 살펴라

*불자야
 여실지견(如實知見)을 아느냐
 현실을 긍정도 하지마라
 현실을 부정도 하지마라
 현실을 낙관도 하지마라

현실을 오직 직관(直觀)하라
이것이 부처님의 가르침이다.
불교는 종교라 이름하기 앞써
인생의 삶 그 자체이니라

*가장 큰 망상은 그 대 자신
 밖에서 진리를 찾고 구하는 일이다
 구름따라 오던 나그네 구름보며 돌아가네
 정처없는 것이 저 구름 내일은 어느 곳에...

*허공이 안과 밖이 없듯
 마음 법도 그러하다
 만일 허공을 알면
 이 진여(眞如)의 알 것이다

*인생은 구름 한점 일어남이요
 죽음은 구름 한점 흩어짐이라
 있거나 없거나 웃으며 사세
 웃지 못하고 사는 자신이 바보라 하네

*하늘은 하늘을 버려야 빛을 얻고
 강은 강을 버려야 바다를 얻고
 꽃은 꽃을 버려야 열매를 얻고
 나는 나를 버려야 세상을 얻는다

※ 방하착(放下着)

내려놔!
집착은 병이다.

밥을 이기는 충견(忠犬)이 없듯이
돈을 이기는 충신(忠臣)은 드물다.

놓아야 할 인연인데 애착(愛着)을 버리지 못하고
끊어내지 못하면 나에게 독(毒)이 될 수 있다.

체온이 떨어지면 몸에 병이 들 듯이
냉소적인 사람을 가까이 하면 마음에 병이든다.

인생에 있어서 신(神)의 한수는 없다
우리의 삶은 복권이 아니기 때문이다.

물고기는 미끼를 물 때 잡히고
모기는 피를 빨 때 잡히게 된다.

복중에 제일가는 복(福)은 인연복이다 관계를 잘 맺으라
인연은 무상(無常)하다 인연이 다하면 집착하지 마라

지구와 태양의 거리가 달라지면 둘은 공존하지 못하듯
사람의 관계는 최적의 거리를 두어야 공존할 수가 있다.

오래 걸으려면 좋은 신발이 필요하듯
오래 살려면 좋은 인연이 필요하다.

| 1956년 11월 26일 정읍 태인 오봉 産.
| 성명: 宋월당. 법명: 송월법원(松月法圓)

- 82년 입산 출가. 은사 : 성공(내장사 학명문손)
- 중앙강원 대교과 졸업
- 원광대학교 동양학대학원 불교학 전공
- 필리핀 국립이리스트대학교 명예 철학박사
- 필리핀 국립이리스트대학교 전임 교수 역임
- 군산대학교 평생교육원 전담교수
- 군산경찰서 경승 회장
- 군산교도소교정위원(법무부장관.국무총리표창)
- (사)새 군산포럼 공동대표
- (사)그린피아전북연맹 회장
- 서예. 사군자 太古名人
- 군산성흥사 회주

- 저서: 법화경 핵심사상
　　　　선과 무소유
　　　　사주학 핵심비결
　　　　사주풀이의 법수
　　　　사주보는 방법론
　　　　육효학 핵심비결
　　　　손과얼굴 보는법
　　　　108 달마도와 진리

108달마도와 진리

|인　　쇄| 2023년　8월　20일
|발　　행| 2023년　9월　15일
|글.그림| 송월스님
|발 행 인| 김수연
|발 행 처| 도서출판 군산인쇄사
　　　　　 군산시 조촌 4길 34-3
　　　　　 전화 063-452-8833
　　　　　 팩스 063-452-8834
|등　　록| 제467-2017-000001호
|보 급 처| 군산성흥사(☎ 063-453-0050)

가격 50,000원

값 50000 원
03220

9 791197 612145
ISBN 979-11-976121-4-5